下澤 嶽

開発NGOとパートナーシップ

南の自立と北の役割

コモンズ

もくじ●南北ＮＧＯとパートナーシップ──南の自立と北の役割

第2章 **自己資金を集める南の開発ＮＧＯ**――59

第3章 **活動資金を出す市民とＮＧＯの関係**――115

装丁●日高眞澄

プロローグ

南北NGOの現実的な協働をめざして

土地を奪われたバングラデシュの先住民族の話を聞く筆者

ボランティアと専門家

今日、NGOという言葉は、新聞、一般雑誌、学術誌などあらゆるところに登場する。それほどNGOは、社会のなかで大きな役割をもつようになった。二〇年近く日本のNGOで働き、NGOを考え続ける一人として、その変化には驚かされる。

現在NGOは多様な分野にかかわっているが、この本ではおもに貧困緩和や人道支援の活動をする「開発NGO」に焦点をあてた。また、先進国と開発途上国の開発NGOの関係を描くため、便宜的に先進国の開発NGOを「北の開発NGO」、開発途上国のNGOを「南の開発NGO」と呼ぶのをご了解いただきたい。

NGO関係の仕事をしていると、さまざまなNGO理解をもつ人びとに出会う。そのひとつが、南北開発NGOを「同じ資質をもつNGO」とみる考え方である。たとえば、「NGOのスタッフはボランタリズムが重要である」という仮説を述べる人がいるとしよう。その場合、英国のNGOも、バングラデシュのNGOも、フィリピンのNGOも基本的には同じという前提で語られる。だが、先進国NGOのモデルがそのまま開発途上国NGOにも当てはまるかのように語られると、「ズレ」を感じる。

私がこれまで見てきた南の開発NGOのスタッフは、ボランティアというよりも、雇われて働く専門家という印象が強かった。いい意味でプロ意識が強く、北のNGOの一部のスタッフによく見られるような強いボランタリズムを感じない場合が多い。サラリーの高いＮＧＯに職を変えることも珍しくない。それは国や文化の違いではなく、南北開発ＮＧＯ間の力の偏りや従属的関係ゆえに発生する違いではないだろうか。だから、同じＮＧＯとして並列的に並べて語られると、違和感を感じるのだ。

構造的な従属・依存関係

私は一九九〇年代の初め、シャプラニール＝市民による海外協力の会[1]（以下シャプラニール）というＮＧＯのスタッフとしてバングラデシュで働いていた。現場では現地スタッフを多く採用し、彼らといっしょに仕事をしていた。活動を進めるときは必ず彼らと事前にいろいろな議論をする。私が当時担当していたのは、農村の貧しい住民が自分たちの生活を改善するために貯金や学習活動を行うグループを育成するプロジェクトであった。

私も含め、シャプラニールにかかわる日本人は、「援助はあくまでも一時的なものだ。育成している住民グループはいずれ自立する。いや自立すべきだ」という仮説で議論することが多かった。外国人の立場でかかわる私たちは、いずれ活動地から去っていくので、「住民グループの自立」というゴールが意識的にも無意識的にも必要だったのだと思う。しかし、現地スタッフは「クリニックが必要だ」「農民の研修センターを建設する」といった、自分たちの組織と地域住民との関係が固定化しやすい、そして資金が継続的に必要な提案を口にすることが多かった。

あるとき、簡易トイレの村人への配布に際して、料金を一部徴収する提案を私がした。トイレの必要性を住民が理解し、将来的に自分たちの力でトイレを買う意識を育てる、という意図があったからだ。ところが、現地スタッフはその提案に対して消極的だった。「おそらく誰も払わないだろう」「お金を出す人はいるかもしれないが、貧しい人は買うことができない」と反論した。しだいに議論が過熱して、私も頭が熱くなってくる。

「物を配るだけで依存心を増やす関係なら、日本人はここで活動する意味がない」

つい荒げた声を出した。「ああ、言ってしまった」と心のなかで思う。これを言えばみんなが黙ること、逆らえないことを知っているからだ。現地スタッフ全員が、私の顔を無表情に見返している。そのうち年配の一人が、「休憩にしよう。お茶を入れよう」と言ってムードを変えようとした。

資金の出る本部から派遣されている私は、支援プロジェクトのあり方、進め方、重要な決定を自分の思う方向にもっていく力が潜在的にあることを、身をもって痛感する瞬間だ。その力をもった日本人が現場の決定に毎回かかわるのだから、プロジェクトの中身が自然と日本人好みになっていくのは当然だ。

また、私は南の開発NGOへの資金援助を見直すための評価作業を何度か行った経験がある。

支援を続けてきた日本のＮＧＯが、停滞した関係を乗り越え、新しい打開策を見つけたいと、私に作業を依頼する場合が多かった。つまり、日本のＮＧＯが、相手から送られてくるさまざまな要望に応え続けるうちに、支援と依存の関係から抜け出せなくなり、その関係に負担を感じているケースが多かったのである。

そこで、私が現地活動の成果を第三者として評価し、南の開発ＮＧＯの活動が適切か、将来財政的に自立できるかを評価するのである。私の答えが「ＮＯ」ならば支援の停止を、「ＯＫ」ならば継続のための条件を日本のＮＧＯが議論し、最終的な解答を相手に伝える。

評価作業は四～五日のときもあれば一週間以上の場合もあった。こうした作業を通じて、相手団体と自分との力の差を圧倒的に感じさせられる。南の開発ＮＧＯの関係者は私の表情やコメントに対して、あるときは喜び、あるときはビクビクしているのがよくわかった。それもそのはず、私が書く報告書が彼らの組織の存亡を決めるのだ。言い方は悪いが、こちらはペンひとつで南の開発ＮＧＯの歴史、そしてスタッフの雇用を葬り去ることができる立場である。

こうした南の開発ＮＧＯは比較的規模が小さく、活動内容もこれといった特徴がないことが多かった。責任者の大半は、言われたことをそのまま誠実にやろうとする真面目なタイプだ。

「日本人側がどういったプロジェクトがしたいのか、もっと私たちに教えてくれ。そうすれば、あなたたちが納得いくプロジェクトがつくれる」「支援を打ち切られると、村の子どもや女性が困る」「新しい職業訓練校ができれば、その収益で組織は財政的に自立する」といった内容を彼らは繰り返し日本のNGOに伝えてくる。そして、日本のNGOが示唆したものを、彼らがプロジェクトという形で絵にし、その絵が描かれるたびに日本のNGOは支援を継続してきた。また、日本の関係者がスタディ・ツアーで現場を訪問すると、手厚く歓待するスタッフらの人情に感動し、なかなか突き放した関係がつくれないできた。

しかし、プロジェクトの成果はいつも「一部成功だが、まだ完全でない」となる。つまり、「部分的には効果があった。しかし、まだ十分でないし、他にもプロジェクトの恩恵を受けていない人がいる。だから、まだしばらく継続する必要がある」という結論なのだ。これが四〜五回続くと、日本のNGOも「抜け出せなくなった」と感じる。

本来のNGOは、自分たちがしたいことを主体的につくり出すものだ。それを日本のNGOは側面から支援してきたはずだった。どうして、このような逆転現象が発生するのだろうか。

こうした南の開発NGOに同情はするが、状況を画期的に改善するのはかなりむずかしい。日本のNGOとの間に依存関係が長期に形成されているため、現地スタッフは自立度の高い組織づくりを学ぶ機会がなかった。多くのスタッフが四〇代なかばを過ぎており、新しい開発のトレンドを学ぶのに時間がかかったり、欧米のドナー（開発途上国で実施されるプロジェクトに資金提供する団体や個人）に申請書を書く英語能力が十分でない場合、組織の成長はほぼむずかしい。

評価作業の結果、「将来の支援はむずかしい」というニュアンスを告げたとき、責任者の落胆や失望の表情を見るのは非常につらい。

こうなってしまう原因に、日本のNGOの接し方と、南の開発NGOの体質や能力の問題がある。こうした関係は避けられるものなのか、それとも、どのケースにも大なり小なりつきまとうものなのか。これが私のいまの問題意識である。

「対等」でありたいという願望

「パートナーシップ」という表現が、開発援助機関[2]の間で最近よく使われている。「対等」な関係を意識した表現だが、この言葉を聞くたびに居心地が悪くなるのは、前述のような体験を何回もしてきたからだ。明らかに力の差が存在するのに、パートナーシップという言葉をなぜ何度も使うのだろうか。

北の開発NGOにかかわる人びとは、開発途上国の住民や南の開発NGOとの関係を対等と思いたいという願望を根底にもっていると私は感じる。先進国の豊かさのなかで、当たり前のように自分たちが十分に食べ、学び、安心して暮らすという人間としての基本的な権利を、すべての人が同じように享受できることを、NGOで働く人びとは願っている。それはNGO活動の根底に横たわるひとつの価値であり、エネルギー源でもある。しかし、私は現地で雇っていたスタッフたちとのさまざまな葛藤のなかで、それは現実的でないと感じたことが何度もあった。

私が一五年間働いていたシャプラニールは、バングラデシュで長く活動し、九〇年代後半には一〇〇名を超える現地スタッフを雇っていた。現地事務所の最高責任者である日本人現地ダイレクターは、常に民主的で参加型の運営を心がけていた。対等な仲間でありたいという意識が強く働いていたからだ。しかし、階層意識の強いバングラデシュという国で、民主的で参加型の運営は、ときとして「甘い」ことであり、場合によっては「つけこまれるスキが多い」ということでもある。

そうした状況が続くなか、ある事件がきっかけで一〇〇名近いスタッフが一斉にストライキを始めるという事態が九七年に発生した。現場で事態収拾の対応をした私と日本人関係者は、ある段階から強硬な対応策で臨んだ。対応過程で、早期に契約終了したり、契約を継続しなかったりと、解雇同然の処遇を受けた現地スタッフもいた。日本の多くの支援者は、現地スタッフが賃上げや労働条件の改善を要求し、ときにはストライキをする「労働者」であるという当たり前のことに、この事件をとおしてはじめて気づく。(3) 現地スタッフを対等な仲間と描きがちなスタッフや支援者にとっては、ショックな出来事だった。

対等という規範的な価値は、NGOがつくる空間の至るところに張りめぐらされている。それは、NGOを支える重要な価値だからでもある。しかし、あらゆる人間関係にそれを当てはめるとき、資金援助が生み出す南北のNGOの間にある力関係や現実が見えなくなることがある。

だから、NGOや開発援助機関の間でパートナーシップという言葉が盛んに使われ始めたときも、私は違和感をいつも感じていた。この本を書きたいと思った動機のもうひとつがこの疑問である。なぜ、パートナーシップなのか。

北と南の開発NGOの間には、なんらかの従属的な関係がまだ残っている。その現実を見つめ、そこに発生する構造を理解してはじめて、現実的な協働ができるのではないか。それを考えることがこの本のスタンスとなっている。

そして、従属的な関係を乗り越える突破口のひとつは、南の開発NGOの国内での資金調達ではないか。これまでの活動をとおして、少ないながらもそういった南の開発NGOの事例と何度か出会ってきた。そのたびに、従属的な関係を超える可能性を感じてきた。この本では、その具体的事例を紹介するとともに、国内で資金調達する南の開発NGOのメカニズムや彼らのもつ価値観を紹介していきたい。

（1）一九七二年に設立された日本のNGOで、バングラデシュ、ネパール、インドで活動を行っている。住民の参加を促す農村開発活動の歴史が長い。

（2） 先進国が出資する世界銀行やアジア開発銀行、各国政府が税金で行う援助を実施するＯＤＡ機関、ＮＧＯといった、援助を主目的として活動する機関・組織の総称。

（3） この事件の詳しい内容は、シャプラニール＝市民による海外協力の会編『進化する国際協力ＮＰＯ――アジア・市民・エンパワーメント』（明石書店、二〇〇六年）の第七章に描かれている。

第1章

開発NGOにおける「パートナーシップ」の検証

バングラデシュでシャプラニールの現地スタッフと共同調査を行う筆者

1　開発NGOの台頭と南北NGOの関係

NGOの源流と広がり

先進諸国が開発途上国の開発援助に本格的に乗り出すようになったのは、第二次世界大戦後である。歴史にすればまだ六〇年足らずだ。一方NGOはもっと前から、開発援助活動に深くかかわっていた。

NGOの源流を遡ると、一八世紀の植民地におけるキリスト教の布教活動に伴い、信者に行った慈善的な支援に行き当たる。(1) いまでも開発途上国の現場では、布教活動と慈善的な支援をともに行っているキリスト教系NGOがある。そうしたNGOの先駆性は想像にかたくない。植民地時代の支配する者とされる者という関係のなかで、慈善的な支援活動が成立していた事実は、開発援助のひとつの側面として興味深い。

もちろん、太古のころから人間同士の精神的・物理的な助け合い関係は存在した。だが、自発的な個人の意思による、国籍、文化、宗教を超える相互扶助と人道的活動の広がりは、ヨーロッパの近代社会が形成されるなかで生まれたと言えるだろう。

図1　国際NGOの設立数(1900年～85年)

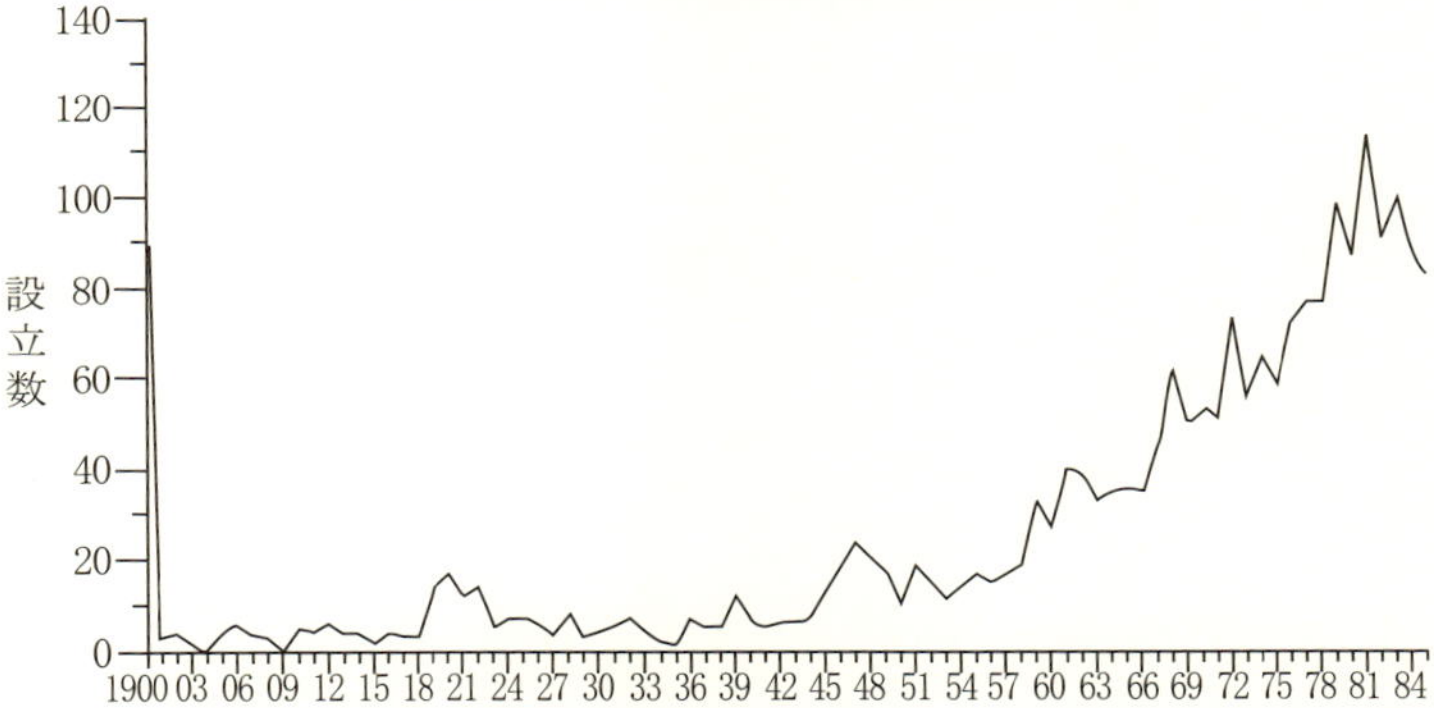

(注) 1900年の90は、この年までの総数。
(出典) Chabbott, Colette, "Development INGOs", Boli, John & Thomas, George, M., eds., *Constructing World Culture,* Stanford University Press, 2001, p.227.

その後、布教活動と支援活動を切り離すキリスト教系NGOが現れ、人道的・博愛的な立場にたった活動が広がっていく。[2] それを象徴的に表すのは、一八六三年に設立された赤十字社であろう。スイス市民アンリー・デュナンが国家の利害を超えて戦争への疑問を呼びかけ、人道的な支援を提案。当時のヨーロッパ諸国に急速に普及していった。

さらに、戦後急速に広がった、国家予算を使った他国への開発支援というグローバルな現象は、他者を思いやる感情の表れという捉え方だけでなく、近代社会に生まれた特殊な現象と考えるほうが自然である。

NGOがどのように増えていったのか、経済協力開発機構(OECD)の調査をもとに見てみたい。

図1は国際NGO[3]の設立数を表したもので、一九〇〇～八五年の設立数累計は二一五二である。そ

のうち実際の開発事業にかかわっているNGOは、一六二〇になる。残りの五三二のNGOは、アドボカシーや開発教育にかかわっている。

図1を見ると、国際NGOの設立件数の動向は三つの段階に分けられる。まず、一九一七年まではゆっくり増加し、一八年から四五年は増加傾向が少し強まる。四六年から八五年にかけては急増し、約八割が第二次世界大戦後に設立されている。[4] 第一次世界大戦と第二次世界大戦の被災者への支援活動が、NGOの設立を促す要因になっていた。

開発援助の体制

一九四四年のブレトンウッズ会議の結果、国際通貨基金(IMF)、GATT(関税・貿易に関する一般協定)とあわせて、国際復興開発銀行が設立され、現在の開発援助の基礎体制が成立する。六一年には米国大統領のケネディによって「国連開発の一〇年」が提唱され、西側先進国の開発援助への関心と気運が盛り上がり、こぞって開発援助に乗り出していった。こうした空気と連動しながら、開発NGOの活動は活発になり、組織数も増加していく。

その後、世界銀行のイニシアティブがしだいに強くなり、七〇年代は貧困層の生活上の基本的なニーズを満たすBHN(Basic Human Needs)、八〇年代になると市場主義的な構造調整政策が提唱された。開発援助委員会(DAC)諸国は独自の政策をもちながらも、世界銀行の提案する援助政策の流れに収まるようになり、現在の体制が整えられていく。しかし、これまでの開発援助が有効な効果をあげていたとは必ずしもいえず、批判は絶えない。

インフラ整備やマクロ経済の調整に比重がおかれがちなODA機関の開発援助とは逆に、NGOは貧困層に直接的に働きかけ、規模は小さくても効果的な支援を進めていた。住民の参加をうまく引き出し、やる気を高める技術を得意とし、経済的側面だけに特化しない人間中心の活動に早くからかかわっていたのである。

九〇年代になると、経済発展中心の開発援助のあり方が批判され、開発NGOがつくりあげてきた「住民参加」「人間開発」「社会開発」などの考え方が強調されるようになる。UNDP（国連開発計画）は九〇年に「人間開発」論を提唱し、経済発展に偏った開発援助を批判し、開発を「人間の選択肢を拡大する過程」と捉える新たな視点をもたらした。

やがて、国際会議の場でもNGOは大きな影響力を発揮していく。開発援助機関とNGOの協働の場は飛躍的に増加し、現在に至っている。九一年までに世界のODAの二五%が国際NGOに流れるようになり、九四年には国際NGOの活動資金がユニセフ、ユネスコ、UNHCR（国連難民高等弁務官事務所）などの国連機関の活動資金合計額を上まわった[5]。

北の開発NGOの活動方法の変化

開発NGOの活動領域は実に多様だが、開発途上国における開発プロジェクトの実施を核としていることが共通の特徴である。プロジェクトを多く実施することで組織規模が大きくなり、それを支える支持者も増えた。そして、活動スタイルもさまざまな変化をとげていく。

デビッド・コーテンは、NGOの開発支援活動の成長段階を四つに分け、第一世代を「救援・福祉」、第二世代を「地域共同体の開発」、第三世代を「持続可能なシステムの開発」、第四世代を「民衆の運動」とした(6)。しかし、私がここで意識したいのは、南北開発NGOの役割分担の変化である。

北の開発NGOのなかで現在も強いリーダーシップを発揮している英国のオックスファム(Oxfam)の歴史を大まかに振り返りながら、現地プロジェクトの実施体制の変遷を見てみたい。**表1**は、オックスファムの活動の流れをウェブサイトの情報をもとに筆者が簡単にまとめたものである。

オックスファムは、先進国の専門家が中心にプロジェクトを行う活動体制から、現地人スタッフへ責任を移し、南の開発NGOにプロジェクト実施を任せていく。インドの場合は、オックスファムから独立し、活動資金も国内で調達するようになった(第2章参照)。プロジェクトの実施体制は、ゆっくりと北の開発NGOから南の開発NGOに移っているのである。この事例は、

表 1　オックスファムの活動形態の変容

緊急救援と設立期（1942 年～50 年ごろ）	1942 年、ナチのギリシャ封鎖で発生した難民の支援のため、オックスフォードの市民がオックスフォード飢饉救済委員会を設立し、活動を行う。その後マーシャルプランの成功でヨーロッパの課題がおおむね解決し、多くの委員会が閉鎖になるが、全世界の被災者や難民を活動の対象に広げ、活動の継続を決める。
支援を国際的に拡大（1950年ごろ～70 年ごろ）	1951 年にインドのビハール州の飢饉で直接支援活動、53 年には朝鮮戦争の孤児や被災民のための活動を進める。61 年に、現地に長期滞在して開発プロジェクトの管理をするフィールド・ダイレクターが開発途上国に派遣される。64 年には開発途上国で生産される手工芸品などを販売するフェアトレード活動が開始される。66～67 年にビハール州の飢饉への支援活動を長期に行い、直接支援の経験を積んでいく。緊急救援の対応だけでなく、現地住民の自助努力を促す長期開発プロジェクトの活動が確立していった。
長期的な専門家派遣とキャンペーンの展開（1970年ごろ～90 年ごろ）	開発途上国でスタッフを雇用してプロジェクトを進める方法が展開されていく。1971 年には 19 カ国、800 のプロジェクト、11 人の専門家が現地で働く規模になる。71 年のバングラデシュ独立時は、現地スタッフだけで難民支援を展開した。80 年代に入ると、南の NGO を支援すると同時に、世界的な貧困撲滅キャンペーン、アフリカ救済のための「バンド・エイド」のキャンペーンなど、大型のキャンペーンを実施する。
各国事務所の自立と世界秩序の見直しのキャンペーン展開（1990年ごろ以降）	1990 年、インド事務所が英国本国の事務所から資金的に自立することを前提に新しい現地ダイレクターを雇用、95 年にはインド国内で資金調達を始める。同時に、現地での支援活動だけで問題は解決しないと、オックスファム・インターナショナルを設立し、ロビー活動やキャンペーンを実施していく。95 年にアドボカシー（提言）活動専門の事務所がワシントンに設立され、世界銀行やＩＭＦなどへのロビー活動を展開する。その後、提言活動に関する新たな方針書をつくり、97 年には紛争停止キャンペーン、対人地雷廃止キャンペーン、99 年にはシアトルのＷＴＯ会議への提言活動を展開する。2001 年は、貧困層へ医薬品を届けるためのキャンペーンを展開した。

欧米の開発ＮＧＯの活動方法の変化を端的に表している。欧米の多くの開発ＮＧＯは、オックスファムの流れから大きく異なってはいない[7]。

ＯＤＡや国連の資金で成長した南の開発ＮＧＯ

南の開発ＮＧＯの成長を網羅的に検証した研究はまだ少ない。そのなかで一九九三年に日本国際交流センターは、アジア太平洋諸国のＮＧＯの調査を行った。それによると、開発にかかわるＮＧＯの数は、インドネシアで四〇〇〇〜六〇〇〇、フィリピンで約一万四〇〇〇、タイで二二〇〇となっている[8]。また、フィリピンだけで七万八〇〇〇団体とする説もあり[9]、その数は膨大な印象を与える。

七〇年代から、しだいに南の開発ＮＧＯは頭角を現してくる。その多くは北の開発ＮＧＯの資金によって設立を促され、規模を大きくしてきた。もともと北の開発ＮＧＯのプロジェクトだったものを切り離して独立させたケースもあれば、最初から現地の人びとによって設立され、そこに北の開発ＮＧＯの資金が入り込んで活動が広がっていったケースもある。どちらにも言えるのは、北の開発ＮＧＯの技術や価値観を模倣しながら、北の開発ＮＧＯの資金を使って成長してきたことである。

たとえば**表2**を見ると、八三年にバングラデシュＮＧＯの登録数が外国のＮＧＯを追い越し、

表2　バングラデシュにおける政府登録NGOの推移

	1981	1983	1985	1987	1989	1991	1993	1995	1999
外国NGO	68	75	80	88	89	111	124	132	147
バングラデシュNGO	45	77	112	157	241	523	683	882	1223
合　計	113	152	192	245	330	634	807	1014	1370

（出典）NGO Affairs Bureau of Bangladesh Governmentの情報をもとに筆者が作成。

その後は急速に増加して、九九年には八九％がバングラデシュのＮＧＯになっている。バングラデシュはＮＧＯが活発な国と言われているので、開発途上国すべてが同じ状況とは言えないが、八〇年代後半から九〇年代が南の開発ＮＧＯの成長期だったことが推定できる。

九〇年代に入ると、開発援助関係者が南の開発ＮＧＯの能力や効果を評価するようになり、ＯＤＡ資金や国連の資金が直接、しかも大量に流れていった。たとえば規模の大きいＮＧＯとして知られるバングラデシュのＢＲＡＣ[10]（ブラック）の九五年の年度予算は約一六億タカ[11]であるが、九一％が国連機関またはＯＤＡ機関（各国政府が税金で行う援助を実施する機関）の資金で構成されている。初期にはあった北の開発ＮＧＯの資金は、まったく登場してこない。

このようにＯＤＡ資金が流れ込んで南の開発ＮＧＯが使う資金のパイは大きくなり、それが数の飛躍的な増加につながった。なかでも、高い評価を受けて多額の開発援助資金を吸収したＮＧＯは巨大ＮＧＯへと成長していく[12]。もちろん、北の開発ＮＧＯが資金援助をやめたわけでない。それは、中規模もしくは小規模なＮＧＯに流れていったと予想される[13]。

南の開発NGOは北の開発NGOのように誕生したわけではなく、こうした国家的な援助施策と資金の流れに大きく依存しながら成長してきたのである。北の開発NGOと南の開発NGOが同質でないことは、この経緯を見れば明らかである。

2 パートナーシップの登場と成立条件

八〇年代に入って強調される

パートナーシップという言葉が南北NGOの間でよく使われるようになったのは、一九八〇年代後半ではないだろうか。現在は、国際機関とNGOの協働関係を表す場合にも盛んに使われている。NGOの間では、七〇年代から南北開発NGOの関係性を表す言葉として一部で使用されていた。

八〇年代に入って、パートナーシップが強調されてきた背景には、開発NGOが市民社会の重要なアクターという認識が強まってきたからである。加えて、パートナーシップという信頼関係に基づく協働はプロジェクトのコストを下げるという指摘もある。[14] ここでは、パートナーシップを以下のように定義して、議論していく。

「開発途上国におけるプロジェクトの実施に関して、南北開発ＮＧＯの間（ときには南の開発ＮＧＯと国連やＯＤＡ機関とのプロジェクトの場合もある）で役割分担をし、決定権などの力関係においては対等であろうとする価値、姿勢、行動様式」

パートナーシップは、プロジェクトだけでなく、パートナーである組織のあり方や成長に注目していこうとする考え方でもある。南の開発ＮＧＯは民主化や市民社会のアクターであるという考え方が九〇年代に強まったためで、[15]それにともない、「オーナーシップ（主体性）」「組織能力の向上」「組織の透明性」といった南の開発ＮＧＯの成長や主体を意識する用語も頻繁に使われるようになる。

筆者がバングラデシュでＮＧＯスタッフとして活動していた八八〜九三年は、アクション・エイド、セーブ・ザ・チルドレン・Ｕ・Ｓ・Ａ、セーブ・ザ・チルドレン・オーストラリア、テレ・デ・ホメ・スイス、[16]コンサーン・ワールド・ワイド[17]など著名な欧米のＮＧＯが、南の開発ＮＧＯとのパートナーシップへと移行する時期でもあった。また、もっと早くからバングラデシュでパートナーシップの関係を意識していたＮＧＯもあり、[18]二〇年近くかけてパートナーシップへのプロセスが続いていたと言える。

ネパールでは九〇年の民主化後にＮＧＯの活動規制が緩和されてＮＧＯが急増し、北のドナーの開発援助資金が大量に流れ始める。社会福祉協議会（Social Welfare Council）というＮＧＯ専門の政府機関も設置され、新たな規制法が制定された。その規制法では、「北の開発NGOは、南の開発NGOを通じてプロジェクトを実施する」ように定められている。このように国が法律でパートナーシップを定めた例もある。

パートナーシップが成立する条件

八〇年代に入ってパートナーシップが強調されたのは、それが成立する以下の条件が開発途上国の活動現場に生まれていたからである。

①南の開発NGOの量的・質的な成長

開発NGOの存在を無視して開発プロジェクトを実施するのは不可能な状況になりつつあった。南の開発NGOは、北の開発NGOにとって協働できるもっとも身近な存在となった。

②南の開発NGOとの競争

北の開発NGOを通じて流れていたODA資金が南の開発NGOに直接流れるようになり、独占的にプロジェクトのオーナーシップをもっていた北の開発NGOが、活動の質やコストについて考えざる得なくなった。

③優秀な人材

開発途上国では高等教育を受けた者の雇用先が少ないので、開発NGOは優秀な人材の確保が容易である。また、公益のために働くＮＧＯの仕事は人気が高い。

④開発途上国政府の変化

七〇年代までは、南の開発ＮＧＯの活動を抑える政策をもつこともあったが、ＮＧＯの役割を認め、開発政策上のパートナーとして協働する政策が取られるようになっていった。

そして、南の開発ＮＧＯの組織上の質の高さは次の点に表れている。

①プロジェクトのコストが低い

北の開発ＮＧＯの専門家のサラリーや諸手当てと比べ、南の開発ＮＧＯの人件費は格段に低い。北の専門家にとって重要な車両や宿舎の用意、休暇のための帰国費用、語学の習得費用、健康管理経費なども、南の開発ＮＧＯの場合は低いか必要なく、低コストのプロジェクト運営が可能になる。

②プロジェクトの調整能力、理解能力の高さ

南の開発ＮＧＯは現地の言語と文化の理解、人脈の広さの点で、北の開発ＮＧＯに比べて能力が高い。北の専門家は、英語やフランス語のわかる現地スタッフの助けを借りて仕事せざるを得ず、開発途上国の文化や行動様式を十分に理解するまでに数年はかかる。

③組織の持続性がある

時間のかかる開発プロジェクトを成功させるためには、活動ポリシー、運営体制の一貫性、

表3　パートナーシップにおける南北NGOのプロジェクト上のおもな役割分担

おもに南の開発NGOが行うこと	どちらが行うのか、はっきりしていないこと	おもに北の開発NGOが行うこと
プロジェクトの計画書作成 プロジェクトの実施 実施上必要な調整 実施上必要な人事管理 プロジェクトの情報収集 会計業務 プロジェクトの報告書作成 現地政府との対応	プロジェクトの計画 プロジェクトの変更 モニタリング プロジェクトの評価	活動資金の提供 自国内での活動のアピール 自国内での開発教育 自国政府との調整 支援者への報告、説明 南の開発NGOの組織能力の向上

（出典）筆者作成。

経験の蓄積、人脈の広がりといった組織の安定性が重要である。しかし、北の開発ＮＧＯの専門家は三～四年ごとに交代する。場合によっては、現地に定着できず、早期に帰国することもある。

南北開発ＮＧＯの役割分担

このような条件のもとで、南の開発ＮＧＯと北の開発ＮＧＯの役割分担体制がつくられていった。それは、北の開発ＮＧＯがつくりあげた開発援助の考え方や手法を南の開発ＮＧＯが学習しながら独自のスタイルに変化させ、競争力をもつ組織として発展したことを示すものである。

南北開発ＮＧＯのパートナーシップの役割分担は、**表3**のような形で定着していった。これは筆者の現場での観察や経験からの分類である。なお、「どちらが行うのか、はっきりしていないこと」は、南北開発ＮＧＯ

の共同作業と決められている場合もあれば、そうでない場合もある。一般的に、南の開発NGOはこの領域への北の開発NGOの強い関与を嫌がるが、結果的に一方的な関与が発生しやすい「あいまいな領域」であり、ここに不平等な関係を生み出す課題が存在する。徐々に形成される支配関係と依存関係は、この「あいまいな領域」から始まるのではないだろうか。

3　開発ＮＧＯのパートナーシップの現状と課題

パートナーシップの実態――ヨーロッパのＮＧＯの調査結果

一九九〇年代後半になって、パートナーシップのなかに存在する力関係についての研究が増えてきた。[19]なかでも、ヨーロッパの一〇のＮＧＯのパートナーシップの事例研究をした英国の調査機関ＩＮＴＲＡＣの「Promoting Effective North – South NGO Partnerships : A Comparative Study of 10 European NGOs」[20]が参考になる。開発ＮＧＯの先進地域であるヨーロッパの例は、パートナーシップの検証にとって意義があるので、調査結果から重要と思われる点だけを要約する。[21]

①パートナーシップの概念や使い方がＮＧＯの間で異なる。「パートナー・コーポレーション」

や「コラボレーション」と表現するNGOもあり、統一されていない。
②ほとんどのスタッフは、ビジネスのパートナーシップとNGOのパートナーシップは違い、資金提供の関係だけではなく、深い信頼関係であると考えている。
③プロジェクトの目的を達成するための具体的な手段、南の開発NGOの能力向上のプロセス、市民社会の強化など、パートナーシップの目的に違いがあった。
④多くのNGOはパートナーシップのメリットとして、「ローカルなオーナーシップ」「持続性」「貧困層への到達」「相互利益」「情報と学びとしての北の利益」「組織強化としての南の利益」などをあげている。
⑤数十年以上もパートナーシップの形で協働しているにもかかわらず、これらのNGOがパートナーシップのポリシーを文章化したのは五年以内であった。そのうち五つのNGOはパートナーシップの定義にもふれている。文章化した理由は二つ。ひとつは自分たちの将来ビジョンの文章化が始まったから、もうひとつは現地NGOと協働してプロジェクトを行う方法に変わったからである。
⑥文章は理念的な関係性を表しているが、現場での具体的なマニュアルは存在していない。したがって、むずかしい局面ではフィールドスタッフが現地と本部の間の板ばさみになることがある。

⑦北の開発NGOから南の開発NGOへ開発プロジェクトのテーマや内容の押し付けがないように慎重に対応しなければならないとするNGOと、パートナーシップは自らの団体の目的達成の手段として割り切り、南の開発NGOへそこまで注意を払う必要はないとするNGOがある。

⑧ほとんどのNGOに、パートナーシップの形態を分類するという考え方がなかった。

⑨スタッフの多くは、対等な関係は資金力によって大きく制約されるという実感をもっている。南の開発NGOは資金獲得のために多くの時間を使い、北の開発NGOと対等な関係を維持することがむずかしい。開発の傾向をファッション的に追うようになり、地元住民から離れがちである。

⑩将来については、多くのスタッフは楽観的だった。彼らはパートナーシップが徐々に対等になっていくと思っている。

以上をみると、現場でいち早くパートナーシップを進めていたヨーロッパのNGOではあるが、理念的な表現にとどまっている。そのうえ、現場で使えるマニュアルや基準はほとんど存在しない。現場レベルでは対応がまちまちで、具体的な内容づくりが十分できていないのである。そのため、現場で発生する摩擦や葛藤は、現場の調整員の判断と調整能力にゆだねられているようだ。

パートナーシップの柔軟な解釈

日本の開発NGOで、南の開発NGOとのパートナーシップを強調しているNGOはまだ少ないが、協働してプロジェクトを実施する例は確実に増えてきた。パートナーシップを積極的に議論しているNGOのひとつに、シャプラニールがある。九六年からネパールで、九九年からバングラデシュで、それぞれパートナーシップに基づく南の開発NGOとの協働を始めている。

九六年の会報で、常任運営委員の大橋正明(現・理事)がプロジェクトを直接方式からパートナーシップへ転換することを提案した。その根拠としてあげられているのは、「バングラデシュにも草の根の開発活動の専門家がたくさんいる」「外国人がいることで現地のイニシアティブを奪う」「日本人の専門家はお金がかかる」などだ。[22] この提案は反響をよび、数名の会員から「日本人による直接方式の独自性にユニークさを感じてきた」「現地の人びととの顔の見える関係の維持が必要」「時期尚早」といったとまどいや躊躇を伝える投書が続く。

シャプラニール内部でもこの問題は何度も取り上げられたが、多様な意見があり、まとまらなかった。翌九七年に起こった現地スタッフのストライキの和解交渉時の条件として、スタッフらが組織するNGOにシャプラニールが支援するという形で、パートナーシップへの突然の移行がなされることになる。二〇〇四年には「南アジアにおける国際NGOと現地NGOの役割と関係」というテーマで、バングラデシュ、インド、ネパール、日本で通算六回のディスカッションフォーラムを開催し、その成果として以下の点を確認している。[23]

①パートナーシップとは内容が固定されたものではなく、相互関係の変化するプロセスである。つまりパートナーシップにはさまざまな形があり、その形も変化する。

②自分たちも相手も望ましい関係を築くべきである。

③そうした関係づくりは長期間に及ぶため、似た考えをもつ現地NGOとネットワークを築くことが重要である。

シャプラニールにとって、パートナーシップとは協働する組織ごとに柔軟に捉えられるものであり、そのつど関係のあり方について話し合っている。だから、定義、基準を明記した文書や具体的なマニュアルは存在していない。

活動紹介ビデオや会報では、「お金を出すだけではなく、互いに学びあえる関係」「シャプラニール独自の価値や情報をプロジェクトに加えていく役割」「プロジェクトの計画や評価にも積極的にかかわる」といった意味をこめて使われる場合が多い。単なる資金提供者であることを嫌い、積極的にプロジェクトのプロセスにかかわり、互いに学び合う姿勢と考えているのだ。現時点で現地パートナーとの関係に重要な支障は起きていないが、パートナー団体が財政面でも運営面でも自立していけるかが当面の大きな課題となっている。[24]

多くの北の開発ＮＧＯスタッフは、自分たちが農村や難民キャンプで眼にしてきた貧富の格差、弱者からの搾取、自己実現の場を奪われてきた女性や障害者などに接し、その社会構造に怒り、悲しみ、それをどう変えていけるのかを自らの課題と意識してきた。「自分と他者との隔差をなくす、減らす」ことが使命であると心のなかに刷り込まれている。

そうした思考がパートナー団体と自分たちの団体の間に反映されても不思議ではない。常にめざすべきは対等な関係という反応が出て当然であろう。しかし、現地の雇用者やパートナー団体との間にある資金力が生み出す力関係が簡単に消えるわけではない。

日本のＮＧＯのパートナーシップの動向をもう少し広く見るため、南の開発ＮＧＯと協働してプロジェクトを行っている四ＮＧＯ[25]のヒヤリングを〇四年に行った。そのなかで、パートナーシップという言葉を意識して使っているのは二つだけである。

ただし、言葉としては使われていなくても、どのＮＧＯも南の開発ＮＧＯとの「対等な関係」は意識されている。「現地ＮＧＯと話し合いながら共にプロジェクトをつくる仲間である」「現地ＮＧＯとの協働」「共に問題解決をするパートナー」といった言葉が会報、ウェブサイト、ニュースレターにちりばめられていることからも、それがわかる。ときとして彼らを日本に招き、主催するシンポジウムや報告会に登場させ、現地からの問題提起とする姿勢からも、それは感じ取れる。

こうした関係を意識して続けてきた日本のNGOは、プロジェクトに関する小さなトラブルはあるが、いまのスタイルで大きな支障をかかえているわけではない。明確な文章化やマニュアルはなく、そのつど対応を相手によって変えるという共通性をもっている。その状況は、ヨーロッパのNGOに近いと言えるだろう。ただし、成果を出すのに時間がかかる社会開発プロジェクトにおいて、資金を出す側と受け取る側の関係が対等であり続けることはむずかしく、危うい構造は残っている。

4　日本のODAとパートナーシップ

国家機関とNGOの協働

日本政府は一九八九年のNGO事業補助金制度と草の根無償資金協力を皮切りに、積極的にNGOとの資金提供をとおした連携スキームづくりを進めてきた。表4（三六ページ）を見るとわかるが、南の開発NGOへの支援を行う草の根・人間の安全保障無償資金協力が格段に多い。(26)日本政府もこれらの協働を、NGOと同様にパートナーシップと表現している。はたして、政府のパートナーシップとはどのようなものなのだろうか。

表4　日本のODAによるおもなNGO支援策

日本NGO支援無償資金協力 11億9,699万円 （2005年度実績）	開発途上国において日本のNGOが実施する草の根レベルの経済・社会開発協力事業を幅広く支援する。開発協力事業支援、NGOパートナーシップ事業、NGO緊急人道支援、リサイクル物資輸送費支援、マイクロ・クレジット原資支援、対人地雷関係支援などがある。
NGO事業補助金 3,615万円 （2005年度実績）	日本のNGOが開発途上国で実施する開発協力事業を支援する。原則として総事業費の2分の1、1,000万円を上限とする
草の根技術協力 7億4,687万円 （2004年度実績）	JICAと日本のNGO、大学、地方自治体、公益法人などが、開発途上国の地域住民の生活を向上させるために直接役立つ事業を共同で実施する。地域提案型、草の根協力支援型、草の根パートナー型の3種類がある。
NGO活動環境整備支援事業 1億3,500万円 （2003年度実績）	日本のNGOのキャパシティービルディング（能力強化）につながる支援策。NGO相談員、分野別NGO研究会、NGO専門調査員の支援策などがある。
草の根・人間の安全保障無償資金協力 143億7,534万円 （2005年度実績）	開発途上国の地方政府、教育・医療機関、および途上国において活動しているNGOなどが実施する比較的小規模なプロジェクトに対して、日本の大使館が中心となって資金協力を行う。

（出典）外務省のウェブサイト、NGO–JICA協議会などの資料をもとに筆者が作成。

ここでは国家機関とNGOの協働の事例として、外務省とJICA（独立行政法人日本国際協力機構）を取り上げる。両者が中心に進めているNGOとの協働事業は、表4のとおりである。おもなものに限定して考えてみたい。

NGOへの支援策には、「日本NGO支援無償資金協力」「NGO事業補助金」「草の根技術協力」「草の根・人間の安全保障無償資金協力」などがある。「草の根・人間の安全保障無償資金協力」

は南の開発ＮＧＯへの直接支援で、それ以外は日本のＮＧＯへの支援である。

委託関係によって主体性が損なわれる

ＮＧＯは支援策を受けるために、ＪＩＣＡと委託事業というかたちの契約を結ばなければならない。まず、ＮＧＯが続けてきた活動（場合によっては新しく計画する活動）に対して資金的支援をＪＩＣＡに申請する。審査後にＯＫがでれば、内容の修正を加えながら最終実施案が作成され、ＪＩＣＡとの間で契約が交わされる。契約後、活動資金が分割で支払われる。

この契約関係は委託（ＮＧＯから言えば受託）契約である。つまり、プロジェクトの主体が契約上はＪＩＣＡになる。契約書には、報告義務、活動の中止の際の決定方法、情報開示のルール、政府が考える安全に対するガイドラインなど、細かに条件が書かれている。

たとえば、政治的な事情で活動地の治安が不安定になったとする。ＮＧＯの単独プロジェクトであれば独自の判断で存続を考えればいいが、ＪＩＣＡとの委託・受託関係であれば、ＪＩＣＡ側が考える安全基準で判断せざるを得ない。意見が一致しない場合は、ＪＩＣＡが資金提供を中止する場合もあり得る。このように、ＮＧＯが主体的につくってきたプロジェクトが、この支援策を活用するといつの間にかＪＩＣＡのプロジェクトのようになってしまうという、おかしな状況が事実上発生しているのである。

申請するNGO側は、自分たちがやりたい内容を申請して資金がもらえるのだから、政府やJICAからうるさいことを言われないかぎり仕方ないと思うかもしれない。しかし、活動地で紛争が突然発生した場合、ほぼ同時にJICAから「すぐに駐在員を帰国させてください」「活動は中止せざる得ません」という通達を受けたら、どうするのだろうか。また、NGOが正しいと思ってやった活動に対して現地政府から政治的なクレームがつき、JICA側が「誤解を招くことはしてはならない」と言ってきたら、どうするのだろうか。

予想を超えた問題が発生した場合、最終決定の権限をもっているのはプロジェクトの主体であるJICAだ。本当に対等なパートナーであるならば、双方が議論をしつつ、柔軟に解決できるだろう。規模は小さく、影響力は限定的でも、「自分たちがやりたいからやる」という主体性をもち続けてきたNGOのプロジェクトが、資金を出す側の判断だけで影響を受けることがあってはならない。

一方で委託事業は、本来行政が行うべき事業をコンサルタントや民間会社に実施させるシステムである。発注先の団体は必ずしも公益性を問われない。事業主体は発注する行政であり、発注を受けた団体は仕様書に従って決まった予算で確実に事業を行うことを求められる。行政が直接事業を実施するよりも効率的で、コストも安いことが、委託事業が広がっている理由だ。

使い勝手が悪いODAのNGO支援

外務省が窓口になって二〇〇二年から実施している日本NGO支援無償資金協力は、NGOの主体性を保つことができる贈与契約という形式をとっている。この場合、NGOのプロジェクトに対してODA資金を贈与するが、プロジェクトの主体はNGOに変わりない。一部自己資金と組み合わせて使うことは奨励されているが、人件費や管理費などの費目にも以前より予算をつけられる。NGOとの対話をとおして、制約が多かったODA資金の使い方を改良した支援策のひとつである。

とはいえ、日本政府から許可を得るまで時間がかかる、プロジェクトの資金管理、会計報告、スケジュール管理が他のODA資金と比べて厳しく、それらの管理作業に多くの時間がかかると、疑問をもつ声もある。実際、こうした日本政府の資金管理の細かさが、「会計報告に大量の資料が必要となる」「形式的な情報収集が多い」という影響を現地プロジェクトにも与えている。(27)

また、NGO事業補助金は、政府が民間公益団体の事業を後押しするもので、事業の主体性はもちろん民間団体にある。公益法人とはご存知のとおり、社団法人、財団法人を指す。しかし、法人格の取得から始まり、運営面に関しても管理監督が厳しく、三割近くは官主導で設立された組織と言われている。(28)それゆえ官への依存体質や天下りが指摘され、この補助金はそうした体制と一体となって批判されてきた。

ほとんどのNGOはNPO法人で、公益法人とはやや異なるが、NGO事業補助金はこうした批判の煽りを受け、縮小の一途である。九七年度のピーク時には一二億円近くだったが、〇五年度は三六〇〇万円程度にすぎない。

しかも、支出できる活動と項目が限定されており、無理にそれに当てはめて申請する方法も不評だった。自己財源の比率も厳しくチェックされ、十分な自己財源を確保できているNGOでなければ活用しにくい。NGOからは、資金の適用範囲を広げるべきだ、二分の一の自己負担はきつい、管理費などの項目も対象としてほしい、などの要望や不満が強かった。これらの要望に対して部分的な改善はあったが、制度上の限界から委託契約や贈与契約に移っていった。

補助金か委託契約か

NGOへの資金協力において、補助金よりも委託契約や贈与契約が増えてきたのは、なぜだろうか。

大きな理由は、NGO側の自己資金調達能力が低く、人件費や管理費が十分に捻出できないことである。補助金を得るためには、プロジェクト費の半分の自己資金が必要になる。自己資金が少なければ、当然プロジェクトの規模も小さくなる。巨額なODAにとって、NGOとの協働は少額で手続きと時間ばかりかかる。委託契約や贈与契約ならば、人件費や管理費をある程度緩やかにできるため、比較的まとまった資金を出すことが可能になる。その結果、NGOがODA資金をより吸収できる。

しかし、日本のNGOの自己資金調達能力が低いのは、決してNGOの能力が低いからだけではない。日本の文化に寄付の大切さが十分に根付いていないことに加えて、募金や公益活動に対する免税や優遇制度の未整備、公益法人の認可に際する官の管理と関与の強さと閉鎖性などの問題がある。

こうした日本独特の環境のなかで、NGOの健全な成長を考えた行政の資金支援が必要である。NGOの主体性を確保するには、政府やJICAの資金は補助金のような形が本来望ましいと考えるべきだろう。まず、信頼と公益性が高いNGOには、事業と組織の成長をセットにした補助金を支援していくべきだ。NGO側の自己負担は当然必要であるが、政府は人件費や管理費に十分配慮した資金提供を複数年度にわたって行っていくことが望ましい(ただし、対等性という理由から補助金を優位とするのは安易であり、補助金が行政への依存体質を強めるという指摘もある)[29]。

そして、NGOは事業(たとえば開発途上国のプロジェクト)の成果だけでなく、組織の成長も果たせるような目標を事前に設定する。たとえばスタッフの技術と能力を高める、寄付金を集める能力を高める、現場における評価技術を高めるなどである。事業後に、それらを具体的な指標で厳しく評価することが大切だ。事業と組織成長の評価を同時に行うわけだから、評価としての難易度は高い。しかし、本来なら、会計チェックだけではなくこうした評価こそが資金提供する側に求められるのではないだろうか。

5 北の開発NGOの関与構造

掛け声だけのパートナーシップ

対等なパートナーシップが本来可能なのか疑問だという南の開発NGO側の声は実に多い。二〇〇四年九月にネパールで私がNGOの調査を行ったとき、約二二〇〇のNGOが加盟するネパールNGO連盟(NGO Federation of Nepal)の代表を務めるアルジュン・クマール・カルキ氏にインタビューした。北のドナーと南の開発NGOのパートナーシップについて問うと、開口一番こう不満をぶちまけられた。

「北の開発NGOやODA機関は、ネパールについて何も知らずに活動することが多い。彼らの考える理想のプロジェクトと現地NGOのニーズとの間には、いつもギャップがある。これでは対等なパートナーシップではなく、ビジネスの関係しか残らない。契約書で何もかも自分たちの思いどおりにしようとする。もっと現地のNGOの考えるプロジェクトを優先すべきだ。プロジェクトのゴールだけを共有して、内容には口を出すべきではない」

このように、活動内容やプロジェクトへの関与、プロジェクト期間の短さ、求められる膨大な報告書など、北のドナーへの不満の声が南の開発NGOからよくあげられる。たとえばアルヌール・イブラヒム（米国）は、インドの二つのNGOと欧米のODA機関との協働に現れる力関係とその言動を長期にわたって調査し、北のドナーの開発トレンドの押し付けやプロジェクトへの関与がさまざまな形であり、NGOに影響を与えていると考察した(30)。

そうした状況のもとで、北のドナーがパートナーシップをあえて強調するのはなぜだろうか。北の開発NGOやODA機関は、営利組織やコンサルタントとの協働をパートナーシップとは呼ばない。それは、営利組織やコンサルタントは社会の公益よりも私益に関心があり、プロジェクトの主導権が北のドナー側にあるのが明白だからである。

一方、南の開発NGOは営利組織やコンサルタントとは違い、弱者の立場から主体的に事業を進めている。また、支援を受けるドナーもひとつだけではない。そのため、北の開発NGOやODA機関の「資金を出すから、こちらの望むやり方をしてほしい」という姿勢に従わない場合もあり、主体性という点では北の開発NGOと「同格」だと考えている。それゆえ、北の開発NGOはパートナーシップという対等な関係を強調する必要があるのだ。

しかし、これまで見てきたように、実態としてのパートナーシップはたいてい理念的な使われ方にとどまっている。北の開発NGOの一方的な関与を抑制する具体的な権限や決定方法については、意外なほどあいまいである。対等さが維持できない危うさを残しながら、なぜパートナーシップという言葉がこうも氾濫しているのだろうか。

対等な決定権や権限を明確にしないのであれば、資金力のある北の開発NGO側の力が強くなるのは当然である。結果的にパートナーシップは、資金を十分もたない南の開発NGO側の主体性や協働への関心を一時的につなぎ止める役割にとどまり、いつまでも実質化しない。あるいは、実態をもたない掛け声でしかない。そうした構造に、南の開発NGOは苛立っている。

一方的な関与の原因は資金調達システム

南北開発NGOのパートナーシップの中身が実質化しない最大の理由は何だろうか。それは、北の開発NGOは、プロジェクトの中身に自分たちの意見、価値観、変化を一方的にでも反映させる必要があるからだ。したがって、プロジェクトに関与する力や権限を常に残しておかなければならない。

では、どのように北の開発NGOは、プロジェクトに一方的に関与するのだろうか。また、どうして一方的に関与できるのだろうか。

多くの北の開発NGOが、プロジェクトへの関与を正当化する最大の根拠は、資金的な支援者へのアカウンタビリティ（説明責任）にある。もちろん、支援者への活動報告は当然の義務であり、存続するために必要な行為である。だが、そこで歪みが生まれる最大の理由は、資金調達システムにあると私は思っている。

北の開発NGOの財源は、①個人や団体からの会費や寄付、②ODAまたは国際機関からの資金、③民間の財団などからの資金、④事業収入の四つに大きく分けられるだろう。これらの資金獲得のために、北の開発NGOは、貧困に苦しむ人びとを効果的に助け、生活向上させる能力をもつ存在であることをあらゆる社会セクターに強調し続けている。そうしなければ活動資金が集まらないからである。

伝統的な資金調達方法は、個人からの会費や寄付であり、活動資金の中心を占めてきた。財政規模の大きい上位一〇位[31]の日本のNGOが勧誘のために使っている資料を分析すると、以下のような特徴がわかる[32]。

①子どもの写真を多く使う。

②開発途上国を「飢餓と欠乏の世界」として時間や量のレトリックで描き、なぜそうなのかという因果関係は積極的に描かない。

③「飢餓と欠乏の世界」を埋めていく存在としてNGOを描く。

④開発途上国の問題解決は訴えるが、その社会の具体的な将来像は明確に描かない。

たとえば、「一億一〇〇〇万人以上の子どもたちが学校に行けない」「一日に三万三〇〇〇人の子どもたちが幼くして生命を奪われている」などの数字を使った強調や「学ぶ機会がない」という表現のあと、「学校を建設している」といった自らの役割を強調する、二項対立的なレトリックである。子どもの写真は非常に多いのに、現地活動の主役である成人男性や女性の写真やコメントは非常に少ないという選択が、意識的・無意識的に行われているのである。

そして、支援者やドナーへのわかりやすさや親しみやすさが常に強調されている。支援者の多くは、与えられたイメージと少ない情報で遠い国の支援活動を判断するしかない。支援者層の心をつかむため、現場の事実よりも、彼らの価値観や嗜好に合わせてアピールは変化しやすい。たとえば開発のトレンドがジェンダーになれば、ジェンダーを強調するという構造をもっている。[33]

資金獲得の競争が厳しくなると、「成果をわかりやすく表す」行為がさらに突出する。こうして過剰な演出が進むと、現実から離れることがままある。たとえば、英国のNGOがアフリカの食糧危機を資金獲得のために誇張しすぎると『ガーディアン』紙が非難した(二〇〇四年一月一六日)のは記憶に新しい。

「共感」と「信頼」を生み出す仕組み

こう書くと、「NGOは嘘を言って資金を集めているのか」という疑問をもつかもしれないが、もちろん意図的にそうしているわけではない。

ある北の開発NGOが、学校に行けない開発途上国の村落の子どもたちのために学校を建設し、運営していたとする。そのNGOは資金調達のために、学校に行けない貧困世帯の苦しい生活や悲しみを強調し、子どものために駆け回るスタッフの苦労を強調する。あるときは、学校に行けない子どもの悲しいつぶやきを紹介する。それを知った市民は、子どもの状況を「なんとかしたい」という感情をもつようになり、寄付の形で協力する。つまり、NGOの姿勢と活動に「共感」するのである。

寄付者になってしばらく経つと、当初は注意深く行っていたNGOの活動の詳細な分析や事実の確認をすることは少なくなり、一定の情報量で「信頼」するようになる。最初は報告書をよく読んだり、必要があれば電話で確認するが、徐々に組織の考え方と活動全般を信頼するようになり、詳細なチェックは減る。そして、持続的に支援するようになる。

こうした寄付者の「信頼」を得るために、NGOは支援を受けて喜ぶ活動地住民のインタビューを報告書に掲載したり、教育専門家が現場訪問する場面を紹介する。ときには、外務省のODA資金を使っていることや表彰歴が強調される。報告書には「支援した子どもの数」「進級試験に合格した子どもの数」「支払った奨学金の合計金額」「感謝を伝える校長や親のインタビュー」「学校に通う子どもの写真」「開校式に集まる住民の写真」「地域の就学率が全国平均よりも上回ったことがわかる統計数値」などが動員される。こうして、寄付者の「信頼」づくりに最大の努力をしているのである。

寄付者は、気に入ったNGOの支援を続ける傾向がある。そして、自分もNGO活動に参加しているかのような臨場感をもちながら、自分とNGOとの関係を構築していく。寄付者にとってNGOは、「信頼できる代理人」というイメージなのである。客観的な活動成果の数字や活動の事実で寄付の継続を判断するのではなく、「安心できる代理人」像をNGOに重ねながら関係をつくっていく。NGOにとっては、寄付者の「信頼」をしっかり得ることが重要だからだ。

一方、プロジェクトが入り込んでいる現場では、現地の住民が複雑な反応を示している場合が多い。たとえば、女子を学校に行かせるのに反対する保守的な層がいたり、支援を受けられなかった近隣のコミュニティが不満をもっていることもある。支援対象が貧困層に限られているため、中流層が嫉妬を感じている地域もあるだろう。支援によって公立小学校とNGOの小学校が競合するため、コミュニティが混乱することもある。NGOの持ち込んだ価値観が文化的な摩擦を呼び起こしたり、学校運営より収益事業の希望が強い場合もある。運営上の問題で不正事件が発覚することもある。

ところが、北の開発ＮＧＯはプロジェクトが引き起こすこうした多様な反応を吟味するより、プロジェクトの成果を描くために必要な情報だけを集める傾向がある。それらの情報は寄付者にとって「安心できる代理人」として、数量的にそして情緒的に、成功例として描かれていく。

南の開発ＮＧＯの側は、コミュニティの多様な表情に気づいている。注目すべき視点も、北の開発ＮＧＯと異なっている場合がある。だが、北の開発ＮＧＯは自分たちと異なる視点にあまり注意を払わないし、無視するときさえある。

また、ＮＧＯの活動はふだん人があまり行かないスラムや農村で実施されており、現場のコミュニティと寄付者をつなぐパイプはＮＧＯがほぼ独占的にもっている。寄付者が事実を独自に確認する方法はなく、報告書を信じるしかない。それゆえ、ＮＧＯは自分の都合よい形で情報を操作したいという誘惑にかられる。資金獲得のプレッシャーや競争が激しくなるほど、報告書の中身は「ブラックボックス」的になる可能性がある。ジャーナリストが自分のイメージする結論に合わせて事実を誘導することがあるが、それと似ている。

逆に、プロジェクトをとおして大きな影響を受ける開発途上国の住民は、北の開発ＮＧＯの説明責任から一番遠いところに置かれがちである。北の開発ＮＧＯは、地域住民を受動的な貧困層とだけ見てしまう場合がある。

プロジェクトを表現する場には、北の支援者やドナーの「信頼感」を生み出す仕組みを頂点とし、南の現場住民を底辺とする、力の構造が存在する。北の開発NGOにとって、プロジェクトは「成功」でなければならないし、資金集めのときにつくったイメージに合う成果や情報が優先される傾向をもつ。また、量的な調査に重点が置かれ、文化的・社会的な側面には関心があまり払われない。単純化・量化・脱社会化しながら、情報を組み立てていく。

このように北の開発NGOの資金調達の構造が、南の開発NGOとのパートナーシップの関係に、あるときは部分的に、あるときは大きく反映する。それゆえに、活動現場のリアリティから遊離しやすい構造を内包している。

パートナーシップが力関係を見えにくくする

開発プロジェクトの組み立ての大まかな流れを整理したのが、表5である（単純化したもので、実際にはもっと複雑な調査や契約上の流れが存在する）。「北の開発NGOのかかわりまたは一方的な関与」は、北の開発NGOが自分たちの望む説明責任のために一方的に関与する部分を示している。北の開発NGOは自国のドナーや支援者への説明責任を理由に、次の五つの接点からプロジェクトに関与する場をつくろうとする。

①資金をめぐって南の開発NGOの間で競争があるほど、自分たちの活動内容や価値観を反映するNGOを選択する。

表5　プロジェクトの流れと北の開発NGOのかかわり

プロジェクトの流れ	北の開発NGOのかかわりまたは一方的な関与
ニーズ把握とプロジェクト形成 ↓	自分たちの活動内容に合ったパートナーを選ぶ。プロジェクトの中心課題を自分たちの資金集めに合ったものにする。たとえば、子ども、女性、技術移転。
プロジェクトの計画立案 ↓	規模、予算、期間について、自分たちの能力に合わせるように主張する。
プロジェクトの契約 ↓	中止の決定方法、活動資金の返還方法、変更の承認、評価方法など自分たちの権限を契約内容に残す。
プロジェクトの実施 ↓	基本的には南の開発NGOに任せる。
モニタリングと報告 ↓	報告書の書式設定、報告回数の指定、分析方法の指示、写真撮影の依頼、詳細な会計報告。
プロジェクトの評価と継続のあり方の決定	評価方法の指定、次の段階を計画する場合の中心課題の設定。

（出典）筆者作成。

②プロジェクトの規模や期間を決める。
③契約書類の内容に権限を残す。
④関心ある活動のモニタリングのテーマや方法、詳細な報告や会計報告を求める。
⑤関心ある活動内容にそった指標で評価し、次の計画で評価結果のなかから何を採用するかを決める。

北の開発NGOがプロジェクト管理を強めると、これらの関与はさらに強化され、支援者に対する説明のための情報が構築されていく。つまり、プロジェクト管理や評価技術が洗練され、強化されるほど、情報を操作する権力構造が強化されやすい。

こうした北の開発ＮＧＯの都合に合わせたプロジェクトへの一方的な関与は、最初から明確に存在しているわけではなく、パートナーシップで見えにくくされている。その力関係が生まれるのは、資金的な流れによるところが大きい[34]。そもそもプロジェクト自体が、外部資金を前提として計画されている。資金の流れを決める力に連動して、北の開発ＮＧＯの決定権が生まれるのである。また、プロジェクトは現場で南の開発ＮＧＯの多くの雇用を生む。その雇用を守ろうとするために、南の開発ＮＧＯの北のドナーへの従属が生まれやすい構造になっている。

北のＮＧＯの自覚が問われている

北の開発ＮＧＯ側が常に高圧的なわけではないが、南北開発ＮＧＯ間のプロジェクトをとおしたコミュニケーションのなかで、徐々に力関係が形成される。ときには、南の開発ＮＧＯが「適応」という形でそのジレンマを内部で引き受ける。その「適応」を、北の開発ＮＧＯ側が南の開発ＮＧＯの「学習」「成長」であると一方的に認識する場合、北の開発ＮＧＯの力はさらに強くなっていく。そして、「一方的な関与」と「適応」の繰り返しの末に上下関係がつくられ、プロジェクトが進行する。こうした関係が長い間に固定されると、プロローグで述べたように、南の開発ＮＧＯが突然資金援助の中止を告げられる事態につながっていくのである。

資金をもつ側が決定権をもつのは一般的である。その関係を「対等」と思い、「対等」にプロジェクトが実施できると考えることに無理がある。資金提供者の側は、自分たちのもつ力を自覚しなければならない。

だからと言って、南の開発ＮＧＯに資金を出さないほうがよいという極論も、正しい答えではない。南の開発ＮＧＯの独善やひとりよがりもあるし、不得手な部分を放置するのがよいとも思えない。南の開発ＮＧＯは、北の開発ＮＧＯとの議論の場をもうけ、プロジェクト運営の透明性を高めることが常に重要である。

いくつかの北の開発ＮＧＯは、パートナーシップにつきまとう課題に敏感に対応してきた。たとえば、アクション・エイドは「同盟（Alliance）」という国際的な合意形成の場をつくり、そこに開発途上国のアクション・エイドも参加して、共同で方針を決定している。オックスファム・オランダ（Novib）は、活動現場に事務所を開設しない。事務所の開設によって自分たちが直接プロジェクトを実施したいという誘惑や、南の開発ＮＧＯのプロジェクトへの必要以上の関与が生じることを恐れるからである。

プロジェクトの実施とその管理技術に依存し、常にプロジェクトのオーナーであろうとする北の開発ＮＧＯの姿勢は、問い直されなければならない。南の開発ＮＧＯの声を真摯に受けとめ、自ら学習できる北の開発ＮＧＯの能力が試されている。

(1)古い例としてスイスのモラビアン・ミッション(Moravian Mission、一七三四年設立)の活動があげられる。
(2)たとえばアンチ・スレイバリー・ソサエティ(Anti-Slavery Society、英国、一八三九年設立)、世界ORT組合(The World ORT Union、英国、一八八〇年設立)など。
(3)OECDは、国際NGOを「①非営利、②途上国で開発資金を使っているか、または自国で開発教育を過去一二カ月にわたって行っている、③OECDの質問に返答している団体」としている。
(4)Chabbott, Colette, "Development INGOs: *Constructing World Culture*", Stanford University Press, 2001, p.227.
(5)OECD, *Development Assistance Committee Annual Report*, 1994.
(6)デビッド・コーテン著、渡辺龍也訳『NGOとボランティアの二一世紀』学陽書房、一九九五年、一四五ページ。
(7)たとえば、クリスチャン・エイド(Chirstian Aid、一六二～一六三ページ参照)、ワールド・ビジョン(World Vision、一一二～一一三ページ参照)、プラン・インターナショナル(Plan International、一六四～一六五ページ参照)、セーブ・ザ・チルドレン(Save the Children)など。クリスチャン・エイドは、ヨーロッパの第二次世界大戦時の難民を支援する活動として英国とアイルランドで一九四五年に始まり、六四年に現在の名称になった。いまでは六〇カ国以上で多様な開発プロジェクトを進めている。セーブ・ザ・チルドレンは、世界の子どもの命を救うために英国で一九一九年に設立された。現在二八カ国に事務所があり、七七年には国際同盟が設立された。
(8)日本国際交流センター監修『アジア太平洋のNGO』アルク、一九九八年、五〇、七〇、一三六ページ。
(9)Clarke, Gerald, *The Politics of NGOs in South-East Asia: Participation and Protest in the Philippines*, London and New York: Routledge, 1998, p.169.
(10)バングラデシュ最大のNGOで、貧困層を対象とした農村開発、教育、保健衛生、収入向上などの支援活動を行っている。詳しくは第2章3参照。

(11) 当時一タカは約三円。

(12) INTRAC, *Direct Funding from a Southern Perspective : Strengthening Civil Society?* INTRAC, 1998, p.15. アン・C・ハドック著、中村文隆・土屋光芳監訳『開発NGOと市民社会——代理人の民主政治か？』出版研、二〇〇二年、一六ページ。

(13) ここで注意しなければいけないのは、社会主義国のケースである。中国、ベトナム、ラオス、ミャンマーなどのように、NGOを法的に認めない、または認めても活動を厳しく管理する国があるからだ。その場合、北の開発NGOが現地の政府機関と協働してプロジェクトを進めることが多く、筆者の考える南北開発NGOの関係や課題はまだ発生していない。

(14) Fowler, Alan, *Striking a Balance : A Guide to Making No-Governmental Organizations Effective*, EARTHSCAN, 1998, pp.107–111.

(15) 前掲(6)、二〇二〜二〇六ページ。

(16) オランダとスイスで一九六五年に創設されたNGO。開発途上国の子どもの支援を中心とし、バングラデシュではストリートチルドレンの支援を行っていた。

(17) ナイジェリアのビアフラ地方の緊急救援をきっかけとして、一九六八年にアイルランドで創設されたNGO。現在は二八カ国で、農村開発、技術訓練、初等教育の普及など多様な活動を行っている。

(18) たとえば、カナダのキューソー(CUSO、一九六一年設立、開発途上国へのボランティア派遣やプロジェクト支援をしている)、オックスファム英国など。

(19) INTRAC, idid., Fowler, Alan, *The Vituous Spiral*, Earthscan, 2000, Lister, Sarah, *"The Future on International NGOs : New Challenges in a Changing World order"*, Paper for BOND's NGO Futures programme, 2004,

Ebrahim, Alnoor, *NGOs and Organizational Change*, Cambridge University Press, 2003など。

(20) 対象となったのは、ＡＰＳＯ（アイルランド）、コーダイド（Cordaid：オランダ）、コンサーン・ワールド・ワイド（Concern World wide：アイルランド）、ダン・チャーチ・エイド（Dan Church Aid：デンマーク）、ＭＳダニッシュ・ボランティアズ（Danish Volunteers：デンマーク）、ノルウェー・チャーチ・エイド（Norwegian Church Aid：ノルウェー）、レッド・バーナ（Redd Barna：ノルウェー）、ノビブ（Novib：オランダ）、ラッダ・バーネン（Radda Barnen：スウェーデン）、セーブ・ザ・チルドレン英国（Save the Children Fund.U.K：英国）の一〇ＮＧＯ。

(21) 二〇〇〇年八～一〇月に各ＮＧＯの事務所を調査員が訪問し、関係書類のチェックと担当スタッフへのインタビューを行って、分析した。インタビューは四〇人近くに行ったという。対象となったＮＧＯの多くは八〇～九〇年代にプロジェクトの実施方法をパートナーシップに移行していった。それ以前は、ほとんどが自国の専門家などが現地に長期滞在して、直接的な支援を行っていた。

(22) 大橋正明「プロジェクトの直接方式から現地パートナーへ――バングラデシュでの活動方式の転換を提案します」シャプラニール会報『南の風』一九九六年一一月号、六～七ページ。

(23)『南の風』二〇〇五年四月号、一〇～一一ページ。

(24) シャプラニールの海外プロジェクト担当者のコメントのまとめ（二〇〇四年一二月）。

(25) 日本国際ボランティアセンター、ワールド・ビジョン・ジャパン（一二一～一二三ページ参照）、基督教児童福祉会・国際精神里親運動部（現チャイルド・ファンド・ジャパン）、ＡＰＥＸの四団体である。団体もしくはプロジェクトの責任者にインタビューして情報を収集した。日本国際ボランティアセンターは、カンボジア、ラオス、ベトナムの難民支援をきっかけに、一九八〇年に設立された。現在アジア、中東、アフリカ一〇カ国で支援活動を行っている。基督教児童福祉会・国際精神里親運動部は一九七五年に設立され、子どもの生活や教育を支援する。現在、フィリピンとネパールで支援活動を行っている。ＡＰＥＸは一九八三年に設立された。おもにインドネシアで現地ＮＧＯと排水処理、バイオマスエネルギー、小産業の創出のための支援活動を行っている。

(26) 下澤嶽「地球社会の課題にボランティアはどう参画するのか」『ボランティア白書二〇〇五――ボランティアのシチズンシップ再考』日本青年奉仕協会、二〇〇五年、六五～六六ページ。

(27) 会計の提出書類が多いだけでなく、領収書の原票の提出を求められる。しかし、現地で集めた領収書の原票は現地政府のルールで長期間の保管義務があり、その監査のあり方について外務省とＮＧＯの間で議論が続いている。

(28) 入山映『日本の公益法人――その正しい理解と望ましい制度改革』ぎょうせい、二〇〇三年、一三～一四ページ。

(29) 松下啓一『新しい公共と自治体――自治体はなぜＮＰＯとパートナーシップを組まなければいけないのか』信山社、二〇〇三年、四〇ページ。

(30) Ebrahim, Alnoor, ibid.

(31) 国際協力ＮＧＯセンターの「国際協力ＮＧＯダイレクトリー二〇〇二」から集金能力の高い上位一〇団体を対象に選んだ。ただし、このダイレクトリーには(財)日本ユニセフ協会が入っていないため、筆者の判断で加えた。上位から並べると、(財)日本ユニセフ協会、(財)日本フォスター・プラン協会、(特活)ワールド・ビジョン・ジャパン、(財)オイスカ、(財)世界自然保護基金ジャパン、日本国際飢餓対策機構、(特活)国境なき医師団日本、(財)ジョイセフ(家族計画国際協力財団)、(特活)ピース ウインズ・ジャパン、(社)シャンティ国際ボランティア会となる。

(32) 下澤嶽「資金集めに現れるＮＧＯの発展途上国イメージ、課題理解」『日本ボランティア学習協会紀要 ボランティア学習研究』第五号、二〇〇四年、五二～五四ページ。

（33）Ebrahim, Alnoor, ibid., p.43.

（34）Ebrahim, Alnoor, ibid., p.64, 70.

第2章 自己資金を集める南の開発NGO

バングラデシュのNGOであるBRACは銀行も運営している

1　南の開発ＮＧＯの資金調達方法

第1章では、北の開発ＮＧＯの資金は、ある段階から南の開発ＮＧＯのプロジェクトへの一方的な関与を生み出すシステムを内包していることを考察した。実際、北の開発ＮＧＯの資金は使いにくいと南の開発ＮＧＯから指摘される。それは、①資金提供の期間が限られており、活動の成果や住民の期待と関係なくとめられる場合がある、②管理費や事務所経費などには支出しにくい、③報告書や会計報告が非常に細かくて量が多い、などの理由からである。それゆえ南の開発ＮＧＯは、自らの存続のために自由に使える資金が必要だと常に考えている。

自国内で自己資金を集める南の開発ＮＧＯの事例は十分に調べられておらず、詳しい実態はわからない。とはいえ、バングラデシュではすでに一九九〇年代に、複数のＮＧＯがマイクロ・クレジット[1]や手工芸品[2]、研修や調査の代行をとおして自己資金の獲得を進めていた。マイクロ・クレジットを大規模に取り入れたＮＧＯ[3]のなかには、かなりの収益を生み出す成功例も出ていたのをよく覚えている。

二〇〇四年の暮れ、東京でワールド・ビジョン・ジャパン[4]の事務所を訪ねた。パートナーシップに関するインタビューを行うためである。南の開発NGOの自己資金についての話題になると、「われわれの開発途上国のパートナーには、自国で資金を集めている事例がいくつもありますよ」と、各国の寄付総額の一覧表を見せてくれた。私はそれを見て、心のなかでうなってしまった。

各国のワールド・ビジョンの組織一〇〇団体が加盟するワールド・ビジョン・パートナーシップは、年間で合計約二一億ドル（〇六年度）の寄付を集めている。寄付をする人は「チャイルド・スポンサーシップ」と呼ばれる支援方法で協力する。寄付をすると、ワールド・ビジョンが選んだある国の子どもの写真、成長の様子がわかる報告書が送られてくる。寄付はその子どもに渡されるわけではなく、子どもの住む地域開発のために使われる。支援しているという実感がわかりやすく伝わるので、寄付が集まりやすいのだろう。

表6（六二ページ）は、アジア諸国のワールド・ビジョンが集める寄付の総額と、一人あたり国民総所得である。日本は欧米に比べて寄付の集まりが悪く、その原因のひとつにキリスト教がつくった文化的土台の違いがあると言われている。だが、表6を見るかぎり、その指摘は正しくない。寄付金額トップ三のうち、韓国のキリスト教人口は約三割と多いものの、台湾は八%、香港は五%にすぎない。しかも、キリスト教の歴史は浅い。また、一人あたり国民総所得が高いほど寄付を多く出すかというと、そうとも限らない（各国のワールド・ビジョン事務所の運営体

表6　アジア諸国のワールド・ビジョンの国内からの寄付金額（2004年度）

国　　名	寄付の金額（単位1,000 us ドル）	1人あたり国民総所得（us ドル）
台湾	41,954	14,032
香港	41,771	26,810
韓国	32,632	13,980
日本	24,119	37,180
タイ	5,799	2,540
バングラデシュ	4,427	440
シンガポール	3,135	24,220
マレーシア	1,672	4,650
インド	1,587	620
フィリピン	810	1,170
インドネシア	714	1,140
ミャンマー	400	220
中国	316	1,290
モンゴル	202	590

（出典）金額は *World Vision International Annual Report,* 2004. 1人あたり国民総所得は世界銀行データ（2004年）。ただし、ミャンマーはユニセフの2004年年次報告（2003年のデータ）、台湾は外務省のサイトよる。

制の違いや活動経験の差があるから、この数字が各国市民の寄付の全体象であるとは言えない）。

この章では、インド、バングラデシュ、タイの三つのNGOの事例をもとに、南の開発NGOがなぜ、そしてどのように国内からの資金調達を進めているのかを考察する。運営に責任あるポジションにいる人に対して、その価値観を中心に取材した。

資金調達方法は、①北のドナーからの資金、②事業収入（マイクロ・クレジットを含む）、③個人からの寄付・会費の三つに大きく分けられる。そのうち②と③を自己資金として考える。それらは、北のドナーによるプロジェクトへの一方的な関与を受けないからである。

①北のドナーからの資金

先進国のＮＧＯ、ＯＤＡ機関、国連や世界銀行などの国際機関が含まれる。プロジェクト計画を申請書で提出し、審査を受け、一定額を一〜五年間にわたって受け取る。当然、モニタリングレポート、活動報告、会計報告などを定期的に提出しなければならない。南の開発ＮＧＯを成長させてきたのはこれらの資金であり、一般的な資金調達方法である。

②事業収入

収益が見込まれる事業を行い、利益を活動費に充てる。通常の活動との関係性から、(ア)住民の支援活動と直結しながら収益を生み出す、(イ)活動上で得た知識や技術を使って収益を生み出す、(ウ)活動とは直接関係なく収益性の高い事業を行う、の三つに分けられるだろう。それらの具体的な事例を表7に示した。

表7　三つの事業収入のタイプ

住民の支援活動と直結するもの	手工芸品の生産・販売、井戸やトイレの販売、マイクロ・クレジットの利子収入など
活動の知識や技術を活かしたもの	調査受託、研修代行もしくは参加費の徴収、大学の経営など
活動と直接関係ないもの	印刷所の経営、野菜の冷凍保存と販売、事務所の貸与など

（出典）筆者作成。

③寄付・会費

ワールド・ビジョンのおもな資金調達方法は寄付である。個人だけでなく、営利組織がＮＧＯに寄付するケースもある。会費については、南の開発ＮＧＯの多くは政府の決めた規則ゆえに会員制度をとっているが、会費は低額で会員数も限られており、政府の基準を満たすためだけのものになっている。会員を増やした場合は、開かれた総会などの場をもうける必要があるが、不特定多数の人びとに決定の場を開くことに対して不安をもつＮＧＯが多い。

2　よりインドらしくあるために——オックスファムの多面的な動き

ＮＧＯ大国インド

インドは人口一〇億人をかかえ、多様な宗教と言語が存在する巨大な国である。インド政府計画委員会の公式推計によると貧困人口比率は二六・一％（一九九九年）で、約三億人近い。開発ＮＧＯにとっては、広大なフィールドのひとつと言える。

カースト制度、指定部族[5]、宗教紛争などの多くの社会矛盾をかかえる反面、比較的早くから社会運動やボランティア活動が盛んに行われてきた。国内には実に多くのＮＧＯが存在し、活動ぶりは多様である。日本では「貧困、環境、人権、平和の活動に国際的にかかわる非営利の団体」がＮＧＯの定義となるが、インドではさまざまな社会運動、ボランティア活動、福祉活動を意味し、自らを「ＮＧＯ」と呼ばない団体も多い。

英国からの独立以前は、ヒンドゥー教徒による宗教・社会改革運動や、南インドを中心としたキリスト教の伝道活動が展開されていた。その後ガンディ主義に基づくブーターン(土地寄進)が広がり、一九四三年の西ベンガル州の飢饉がきっかけとなって六〇～七〇年代に緊急救援と農村開発活動を行うNGOが出現する。

八〇年代に入ると、より公平な社会制度と貧困層のエンパワーメントを強調したNGOが増える。八五年にNGOに好意的なラジブ政権が政府資金を提供するようになると、[6] NGOの数はさらに増加した。その数は推定で二万以上とも言われている。[7]

インド政府は長く、欧米のNGOの国内での活動や資金の流れを規制していた。ガンディの「スヴァラジ(Svaraj)」[8]という思想と、国外からの関与を嫌う外交政策の影響である。そのため、欧米のNGOは少なく、国外からの開発援助資金に強く影響を受けないユニークなNGOが存在している。[9] NGOが外国から比較的自由に資金を調達できるようになったのは、九〇年代初めである。

本部から独立したオックスファム・インド

オックスファムは七八年に事務所を開くことを許された、数少ない欧米のNGOだ。七〇カ国以上で活動し、世界で五本の指に入る国際NGOである。オックスファム英国が扱う資金は年間約七六〇億円(二〇〇五年度)にのぼる。また、その考え方に共鳴する一〇〇以上の先進国N

GOの世界的ネットワーク組織オックスファム・インターナショナルがつくられ、日本にも事務所が開かれている。常に時代の先端をいく思考と手法で、国際的なキャンペーンでも中心的な役割を果たしてきた。

インドで活動を開始したのは、五〇年代にビハール州で発生した飢餓の際である。インド事務所は現地NGOと協働して、活動してきた。活動領域は、虐げられてきた女性、低カースト、先住民族などで、早くからインド人を事務所の責任者としてきた。九五年にはオックスファムから財政的に自立し、独自の資金調達を進めている。

南部カルナタカ州の州都バンガロール市は人口六〇〇万人を超え、コンピュータソフトなどを世界に輸出する工業都市である。洗練された街並みに、さまざまな民族が行きかう。その閑静な住宅街の一角に、元のオックスファム・インド事務所(現在の名称はスヴァラジ)がある。そのほか、カルナタカ州ドッダバラプラ市、タミル・ナドゥ州チェンナイ市、首都のデリー市、グジャラート州のアンジャール市に事務所をもち、数百名のスタッフが働いている(図2)。私はダイレクター(現地事務所長)のパテルさんに開口一番聞いた。

——オックスファムは現地経験が長く、南の開発NGOと上手に協働しながら質の高い活動をめざすことができる北の開発NGOのひとつだと思います。本当に独立する必要があったんですか?

図2　オックスファム・インドとインターナショナルの活動地

「オックスファムのインド事務所のときも、トップはインド人でした。とはいえ、オックスファムの組織の一部でしたから、完全に自由な組織運営ではありません。フランチャイズ化した組織のなかでは、結果的に本国の英国に気を遣い、自分たちが望むアイデンティティをつくることはむずかしいのです。もちろん、オックス

オックスファム・インド事務所（スヴァラジ）のパテル事務所長

ファムという世界的なブランドを手放すことになるので、議論は慎重に行われました。オックスファムは巨大な資金を集められる組織ですから」

パテルさんは英国国籍の女性。両親ともインド移民で、英国で育った。政策提言関係のＮＧＯで長く仕事をしてきたが、現場で自分をもっと試したいと思い、オックスファム・インドの責任者であるダイレクター職に応募したという。

――英国から派遣されているのですか？

「いいえ、現地人の雇用枠に応募していますから、給料も現地スタッフに準じています」

「Oxfam India Society Trust」という、現地インド人とオックスファム英国関係者で構成される運営組織が当初からあったが、九〇年代に入って、しだいに新しい組織として独立をめざす動きが始まっていった。共通していたのは、貧困の解決や公正な社会をつくるためには、現地社会に密着した発想をとるべきだという問題意識である。

貧困問題は、政治や文化、歴史と深くつながっている。だからこそ、各コミュニティの住民が主体的に考え、取り組める活動を行うべきだ。そのためには、英国本部からの資金に依存していては限界がある。国内に資金源をもち、依存を減らさなければならない。

こうした話し合いを受けて、英国本部はインド事務所が独立することに同意し、合意事項を文書で交わした。組織の新しい名前をガンディの思想を表す「スヴァラジ（Svaraj＝Society for Voluntary Action Revitalization and Justice　ボランタリーアクション復興と正義のための協会）」としたのは、オックスファムの名前を使わないことが合意事項に含まれていたからだ。こうして、活動資金を国内から集める努力が九五年から始まっていく。名前の由来をパテルさんはこう説明した。

「社会参加する機会が奪われていたり、参加するための能力（文字の読み書きや法制度の理解など）が弱いために社会の恩恵を受けられずにいる人びとを、インド社会の価値観やインドの人びとの手で変えていくには、組織の名前を変える必要があると感じました。スヴァラジはガンディの展開した運動の総称でもあり、わかりやすく言えば自治（Self Governance）になると思います。

自らの力で生活をつくり、自らが治めていくことです。これは自分たちの住む場所で一人ひとりがボランタリーなアクションをしていくことを意味しています。コミュニティのすべての人びとが自主的に活動し、生活を変えていこうとする考え方です」

ただし、スヴァラジの名称で寄付を集めたところ、結果は芳しくなく、オックスファムのブランド性を痛感したという。そこで九七年に英国本部の許可を受けて、オックスファム・インドという名前も併記して使っている。

資金集めの地道な努力

南のNGOが欧米のNGOから財政的に独立する場合、元の団体からの資金比率を抑え、他の北の開発NGOやODA機関から支援を新たに組み入れ、ドナーを多様化する場合が多い。財政的なリスクを分散させたうえで、活動のカラーや方針を打ち出していくのだ。しかし、英文の申請書を書いて、北のドナーから資金を得ることに慣れている彼らは、なぜ時間と労力をかけて国内で寄付を集めるのだろう。

「一般の人びとから寄付を集めるのは、インド社会に不公平や不正がまかりとおり、貧しい人が社会にあふれているからです。この問題を訴えていくことが私たちの役割だと思っています。寄付をとおして人びとは、自分が身近にできることを学んでいきます。寄付はお金を集めるだけでなく、『あなたにもできることがあります』『参加しませんか』という問いかけでもあるのです」

地道な資金集めを行うきっかけは、九九年一〇月にオリッサ州を襲った推定死亡者三〇〇〇人を超えるサイクロン（インド洋や太平洋南部で発生する熱帯低気圧）だ。被災者のために、スヴァラジは一般市民に新聞や雑誌などを通じて寄付を呼びかけた。多くの市民から反応があり、二〇〇万ルピー（約四六〇万円）を集めることに成功する。

続いて〇一年一月に発生したインド西部地震では、なんと一四五〇万ルピー（約三三三五万円）もの寄付が集まった。寄付者は一万人以上にのぼったという。〇二年のグジャラート州の宗教暴動発生時も、国内の一万六〇〇〇人近い支持者から、暴動や地震被災者のメンタルケアを行う病院建設費用として、約二四〇万ルピー（約五五二万円）を集めた。〇四年一二月に発生したスマトラ沖地震の津波でインド東岸地域が大きな被害を受けたときには、二万人近い支援者に寄付のアピールをし、一六〇万ルピー（約三六八万円）が〇五年九月時点で集まったという。これらの体験は、スヴァラジが将来的には活動費の一部をインド社会からの寄付でまかなえることを裏付けている。

また、バンガロール市とチェンナイ市内の多くの世帯から古紙や古雑誌を提供してもらうキャンペーンも行っている。〇二年には一五〇〇人の個人と二五の団体が協力し、このキャンペー

表8　スヴァラジの資金調達の推移(2000年～2004年)

(単位：ルピー)

	自己資金	寄付	会費	事業収入	利息・その他	ドナー	合計
2000年	16,301,230 (100%)	16,257,184 (99.7%)	44,046 (0.3%)	0	0	0	16,301,230
2001年	2,714,916 (100%)	2,416,577 (89.0%)	2,450 (0.09%)	210,755 (7.8%)	85,134 (3.1%)	0	2,714,916
2002年	5,413,195 (71.6%)	3,128,456 (41.4%)	0	0	2,284,739 (30.2%)	2,147,631 (28.4%)	7,560,826
2004年	2,498,320 (9.2%)	1,793,729 (6.6%)	0	688,826 (2.5%)	15,765 (0.06%)	24,657,792 (90.8%)	27,156,112
合計	26,927,661 (50.1%)	23,595,946 (43.9%)	46,496 (0.09%)	899,581 (1.7%)	2,385,638 (4.4%)	26,805,423 (49.9%)	53,733,084

ンだけで一〇万ルピーの活動資金を得た。両市内には募金箱を九〇箱設置している。さらに、大口の個人ドナーや献金した企業名はウェブサイトで紹介する。〇二年度は一〇万ルピーを寄付した個人・団体が三つと、二万ルピーの寄付者四名が載っていた。

これらは、国内の市民から資金調達をしてこなかったインドのNGOにとって画期的な取り組みであった。遠い外国にいる支援者の理解や満足だけではなく、国内に住む人びとからの理解と協力は、同時に活動の質や資金管理が厳しく問われることを意味する。そして、これをとおしてNGO活動の質と適正さが社会から認知されていくだろう。

資金獲得のキャンペーン作業には、英国やニュージーランドからの長期ボランティアも参加した。

資金集めのボランティアは珍しいが、今後はこうしたボランティアが必要な時代が来るのかもしれない。

現在スヴァラジには二万人近い支援者層があり、そのうち約二〇〇〇人が恒常的な支援者となっている。今回の取材をとおしてわかる範囲で整理した寄付・会費など資金調達の推移が表8である。〇二年度は、約四〇%が個人や現地法人からの寄付である。ただし、寄付金額は年によってかなり波がある。大きな災害があった年は多く集まるが、災害が少ない年は減る。〇四年からはスウェーデン国際開発機構（SIDA）の大きなプロジェクト支援（〇九年まで）を受け、〇四年度の寄付比率は七%弱まで下がった。国内から恒常的に多額の資金を調達していくためには、まだまだ課題がありそうである。

メッセージはインドの人びとに必ず届く

支援者とNGOのつながりにおいて重要なのは活動や会計管理の透明性であると、パテルさんは何度も強調した。

「インドの貧困対策のために必要な費用は巨大なので、国内ですべての資金を獲得することはむずかしいかもしれませんが、これからも努力が必要です。インドの人びとは貧困と隣り合わせに住んでいるわけですから、私たちのメッセージは彼らに必ず届くと思います。また、インドでは企業が徐々に成長し、国に多額の税金を払っています。政府が慈善活動への寄付に対する免税制度をさらに整備すれば、ＮＧＯに寄付する企業はたくさん生まれてくると思います」

最後に私は、一〇年後のスヴァラジはどのような組織でありたいかと尋ねた。

「大切なのはガンディの『自らの力で生活する』という哲学です。それは西洋の価値観とは少し異なっています。自分たちの力で行動し、考え、そしてともにつくっていく社会は、いまのように競争したり奪ったりする社会ではありません。米国の生活スタイルがインド社会にも入ってきています。でも、そのすべてがインドの発展に役立つとは思いません。一部の人はそれでいいかもしれませんが、多くの人は救えません。こうした考えをインドの近代社会にどう適合させていくかが重要だと思います」

私がバングラデシュで活動していたとき、現地のＮＧＯ関係者と自己財源づくりの話題になると、ビジネスやローン貸与などの利益をＮＧＯの活動費にあてるというアイデアを熱心に語った。私が寄付や会費の可能性を述べると、「それは無理だ」と言わんばかりの冷めた反応が多かった。手間も時間もかかるからだ。一方、スヴァラジが寄付にこだわるのは、市民社会と信頼関係でつながろうとしているからである。

金額的にはまだまだ限界があり、寄付以外の自己資金をどう増やすかという課題が残っている。しかし、寄付の大切さや可能性を信じるＮＧＯの存在は、私の考え方が決して荒唐無稽ではないことを証明し、今後への希望を開いてくれた。

市民一人ひとりができることをする

パテルさんの話を聞いた後、無理を言ってスヴァラジの支援者と話す機会をつくってもらった。身近な他者のために寄付をするインド人の率直な気持ちを直接知りたかったからだ。時間がなかったため、電話でのインタビュー。話を聞いたのはスンダール・サン氏、ムンバイ（ボンベイ）に住む七二歳のビジネスマンだ。

サン氏は第二次世界大戦のさなかにビルマ（ミャンマー）のラングーンで生まれ、戦争を経験した。仕事の都合でやがてムンバイに移り、漁業関係の会社を興して成功する。現在は引退し、役員の立場だ。ＮＧＯに関心をもつようになったのは、ロンドンに住み、ボランティアとして長くオックスファムにかかわっていた兄の影響が大きかったという。その話を聞くなかで、しだいにインドでできることをしようと考え、収入の二〜五％を毎年、気に入った団体に寄付するようになっていく。すでに二〇年以上になる。

――どうしてＮＧＯへの支援活動をしようと思ったのですか？

「生まれ育ったラングーンの生活は非常に苦しいものでした。だから、同じような境遇にいる人びとのことは他人事と思えません。インドには貧しい人びとがまだたくさんいます。しかし、政府や国家はすべての問題を解決できないし、無駄も多いので、市民一人ひとりができることをしなければいけないのです。私の父母は非常に優しい人で、人の痛みを理解し、人のために働くことの大切さをいつも教えてくれました。おそらく、両親のそうした価値観と教育が、私のいまの行為につながっていると思います。寄付という行為をとおして、人のために役に立てるのは本当に幸せです。家族も私の考え方に共感し、ときには協力してくれます」

この意見は、日本で寄付をする支援者の考え方と非常によく似ている。

――では、どうしてスヴァラジが適切なＮＧＯと思ったのですか？

「兄にオックスファムの評価を聞いていたことが大きいでしょう。貧困層を支援するプロのＮＧＯであり、明確な理念や意思をもつ人たちが理事会を運営していると感じています。また、スヴァラジだけではなく、私が納得した四～五のＮＧＯを支援してきました。活動の内容や業務管理がしっかりしたＮＧＯを今後も支援したいと思います」

――今後インド国内に、あなたのような人が増えると思いますか？

「私と似た意識をもつ人びとがインドの中流社会に広がっていると思います。その多くは、これまで貧しい生活をしてきて、ようやくいまの生活レベルにたどりついた人びとです。貧しく苦しい時代を知っているので、共感できる資質が十分にあります。また、彼らの子どもたちは学校教育を通じて、社会のさまざまな問題を身近なこととして学んでいるので、社会の矛盾を解消するための活動を支援する層が育っていくと思います」

オックスファムの動きに見る国際NGOの三つの流れ

スヴァラジの独立後にインドでの活動を休止したオックスファムは、〇一年に起きたインド西部地震のころから活動を再開させた。そして、〇三年のラジャスタン州の干ばつ、〇四年のスマトラ沖地震の津波被害の支援などの緊急支援活動を行う一方、生活保障、エイズ予防、女子教育、災害予防などの長期的活動も展開している。アドボカシー活動の一貫として、女性への暴力禁止や公正な貿易のためのキャンペーンも行ってきた。

また、オックスファム・インターナショナルは〇二年三月に一二のインドNGOの集合体として、オックスファム・トラストを設立した。北の開発NGOが独占してきたアドボカシー活動に南の開発NGOの声を反映させるのが目的である。デリーに拠点をもち、理事会はおもにインド人で構成されている。高等教育を受け、国内や世界の課題に敏感に反応できる中流階層は、インドで二億五〇〇〇万人近い。彼らを支援基盤として位置づけているという。

現在、首都デリー、ジャルカンダ州、マディヤプラデシュ州、ウッタランチャル州(六六ページ図2参照)の各地で、教育、食料、女性の自立、貧困層のニーズに対応するプロジェクトやアドボカシー活動を行っている。年間予算規模は約六七七万ルピー(約一五五七万円、〇四年度)だ。

スヴァラジと同様にインド国内で自己資金獲得に努め、〇四年度は約二四〇万ルピー（約五五二万円、二一％）にのぼる。国内で資金調達をする重要性について、「国内の資源を最大限に活かす」「草の根の人びとの声を届ける」「組織としての自立性を高める」「ロビー活動を有利に進める」などを強調している。自立した組織をつくるビジョンをもつ点でスヴァラジと共通の価値観と言える。

こうしたオックスファムの動きをどう捉えるべきだろうか。

スヴァラジはオックスファムの質の高い開発スキルと、自立したNGOであろうとするインド人の姿勢が反映した組織と言える。彼らは、地域に密着した活動を広げるために資金を自分たちの力で得るという大きなテーマをかかげて自立したのである。

オックスファムはスヴァラジの考え方と姿勢に共鳴し、支援してきた。しかし、資金調達能力がすぐに開花できるわけではない。巨大な貧困層をかかえ、たび重なる自然災害の膨大な被害者を看過できず、インド事務所を新たに設置して、活動を再開したと考えられる。

そして、オックスファム・トラストはアドボカシー活動を途上国の人びと自身で行おうとしている。

この三つの流れは、国際NGOの現在の多様な表情をそのまま伝えていると言ってよい。すなわち、多額の資金を使う活動現場が必要なオックスファムの顔、アドボカシー活動を行う南のNGOとしてのオックスファム・トラストの顔、資金調達を現地で行うという新しい挑戦をするスヴァラジやオックスファム・トラストの顔である。

3　進化するNGO——バングラデシュのBRAC

NGO大国バングラデシュ

バングラデシュは貧困と自然災害の多い国としてよく取り上げられるが、同時にNGOが活発な国でもある。NGOが登場するのは、一九七一年の独立戦争後だ。三〇〇万人近い被害者を出した独立戦争の悲惨さが報道されると、欧米から多くのNGOが入り、難民支援と復興協力に乗り出した。その数は二〇〇〇とも三〇〇〇とも言われる。

七八年に外国寄付統制法令[10]が制定され、政府がNGOの活動を法的に管理するようになる。だが、各省庁に窓口が分散する管理体制になっていたため、NGOはたらいまわしにされ、プロジェクトの事前許可をとりつけるのに一年近くかかる場合もあった。こうした制度の不備に対してNGOや欧米諸国からの批判をうけた結果、九〇年にNGOビューローが大統領府に設立され、ひとつの窓口で統括管理するようになる。

現在、NGOビューローに登録されているNGO数は一七〇〇を超える。加えて、六一年の社会福祉団体法による登録数が二万近くにのぼる。政府は成長・肥大化するNGOに対して競争意識と警戒心を強くもっていたが、九〇年代には開発事業のパートナーとして位置づけ、多様な領域で協働を進めていく。[11]

NGOの資金源は当初、ほとんどが北の開発NGOとODA機関であったため、活動内容が評価される一方で、外国への依存が強いとたびたび批判された。もちろん、自己資金を生み出す事業がまったくなかったわけではない。農村女性が生産する手工芸品の販売、印刷所やバス会社の経営、研修の代行、食料品の販売など多様な資金調達活動が小規模には行われていた。しかし、十分な運営資金を生み出す手段としては限界があったのだ。

九〇年代に入ると、大成功を収めたグラミン銀行が開発したマイクロ・クレジットを活動に取り入れるNGOが急増した。農民へのローンの利子から生まれる資金によって活動費の一部をまかなうNGOが、いまも増え続けている。

政府の省庁をはるかに超えるNGO

巨大な規模を保ちつつ、自己財源を確立してきたBRACは、バングラデシュのNGOが形成してきた技術と知識の集大成と言えるだろう。

BRACは七二年にバングラデシュ人によって設立されたNGOである。当初はバングラデシュ農村開発委員会(Bangladesh Rural Advancement Committee)の略称だったが、現在はBRAC(ブラック)を正式名称として使い、農村のいたるところで事務所と看板を目にする。

年間予算は約一四四億タカ(約二八八億円、二〇〇四年度)、フルタイムのスタッフが三万二〇〇〇人と、おそらくアジア一のNGOで、政府の省庁を大きく上回る規模である。たとえば、活動領域が重なる農業省の年間予算は約一億六〇〇〇タカ(〇四年度、約三億円)、教育省は約一三億タカ(〇四年度、約二六億円)[12]と、BRACと比べ物にならないほど小さい。

22階建てのBRAC本部事務所

これだけの資金がNGOに集まるのは、政府や地域行政機関の計画・実施能力の低さ、効率の悪さや腐敗など、多くの問題があるからだ。大量の貧困層と非効率的な政府サービスの隙間に入り込んで、急成長をとげたのである。

政府は当初BRACに対して、警戒心を露骨に見せていた。私が滞在していたころは、「国家政策に混乱を与える」という理由で、BRACの大型プロジェクトの申請になかなか許可が与えられなかったり、遅らせるという苦情をBRACの担当スタッフからよく聞いたものだ。その後、BRACも政府プロジェクトと連携するケースがしだいに増え、マネジメントスタッフに元政府高官を迎えるなど、政府との距離とバランスをうまくとるようになっていった。その発展段階は大きく四つに分けられるだろう。

第一期(七二〜七三年)――独立戦争後の復興を中心とした「緊急救援」の時代。

第二期(七四〜八九年)――緊急救援は住民の自立心を損なうとして、農民グループを育成し、識字教育、研修、手工芸品生産活動、小規模な収益事業を行った「開発活動と多様なプロジェクトの展開」の時代。

第三期(九〇〜九七年)――グラミン銀行が始めたマイクロ・クレジットを全面展開し、利子による収益で自己財源が劇的に高まった「マイクロ・クレジットの導入」の時代。

第四期(九八年以降)――本部事務所を二一階建てのビルにし、BRAC銀行、インターネットのプロバイダー、BRAC大学、情報技術協会、不動産管理会社など関連企業を次々と設立する「企業化進行」の時代。

ＢＲＡＣが開発した先駆的な活動は多岐にわたる。なかでもよく知られているのは、農村やスラムにおける死亡率のトップである感染性の下痢対策だ。

下痢による脱水症状を防ぐためには、経口補水塩の粉末を水に溶かして与えなければならない。読み書きを知らない村人にこれをどう普及するかは、かつて至難の技だった。現在では、あらゆる農村にこの知識はひろがり、「セライン」(経口補水塩の英訳Oral Rehydration Salineのsaline をとって自然と使われるようになった名称)と言えば、誰でもわかるようになった。これはＢＲＡＣが八〇年代前半に行ったキャンペーンの成果である。村人がすぐに覚えられる「一つまみの塩と一握りの砂糖を、コップ一杯の清潔な水に溶かして飲ませる」というキャッチフレーズを使い、たくさんの女性スタッフを雇って村々を回り、普及していったのである。

八五年からは、ノンフォーマル初等教育(Non Formal Primary Education＝NFPE)を開始した。貧しい世帯の小学校一年生から五年生が、ＢＲＡＣ独自の小学校で学ぶのである。一クラスは約三〇名で、児童の約七〇％が女子、教師の九七％が女性だ。〇一年度には約三万一〇〇〇校で約一〇〇万人が学ぶまでになった。さらに、ＢＲＡＣ型の初等教育を実施したいＮＧＯに対して、研修機会や教材の提供も行っている。注目を集める先駆的な活動のひとつである。

組織が巨大化すると、官僚化が進み、活動の質が低下し、外国の援助への依存体質が強まるというイメージがある。ＢＲＡＣはそのイメージを一掃し、質の高い活動を提供し続けている。

表9　BRACの収入の内訳(2004年度)

収　　入	金額(タカ)	割合
北のドナーからの助成	3,438,268,216	30%
メンバーへのローン(マイクロ・クレジットなど)の利子	3,610,151,992	31%
活動支援収入向上(養鶏所、製粉所、エビの養殖など)	2,336,960,301	20%
商業事業(手工芸品生産と販売、印刷所経営、食品事業など)	1,585,219,647	14%
投資による収入(関連企業への投資)	370,701,061	3%
ビルなどの賃貸による収入	87,978,674	1%
その他	92,736,889	1%
合　　計	11,522,016,780	100%

(注) 1タカ＝約1.9円(2005年10月)。
(出典) *BRAC Annual Report*, 2004.

三分の二を占める事業収入

設立当初は外国からの援助資金に頼っていたが、事業収入を増やす努力を八〇年代から続けてきた。現在では六九%(〇四年度)を自己財源でまかなうまでになり、その経営センスは際立っている。資金調達の方法は事業収入が中心である(表9)。スヴァラジのような市民からの寄付や会費は、含まれていない。

「メンバーへのローン」は、貧困層に貸す一年返済のマイクロ・クレジットである。一〜二万円を貸し付け、毎週の返済で、年利一六〜一八%の利子を取る。農村では知人や民間の金貸しから借りると、一〇〇〜二〇〇%の利子を取られていたので、社会的に受け入れられる利子率である。〇四年度だけで二五九億タカ(約四九二億円)を約四八六万人に貸した。

「活動支援収入向上」は、事業そのものが貧困層の収入や雇用づくりにつながっているものだ。たとえば、八三年ごろから養鶏事業を始めた。広い土地をもたない農民が多いので、自宅の空き地や狭い土地で行える養鶏は適している。安い雛や飼料を供給するための孵化場や飼料工場、高温多湿な気候のために発生しやすい伝染病を予防するワクチンの供給にＢＲＡＣが取り組み、多くの農村に広がった。農村住民が新たに始める場合は、ＢＲＡＣからローンも提供される。現在では二一一万人が雇用や収入を得る事業となり、政府もモデルとしている。

「商業事業」は、ＢＲＡＣ自らが収益性の高い事業を経営して得た収入である。ＢＲＡＣは七〇年代後半から、農村の貧困世帯の女性たちに伝統的な刺繍を活かした手工芸品の生産を奨励してきた。農村には生産センターを設立し、ダッカには店舗を設けた。店舗ではＢＲＡＣの製品だけではなく、他のＮＧＯの製品も代理販売する。販売店は現在八つあり、各国に輸出もされている。三万人の生産者のうち八五％が女性だ。

「投資による収入」は、関連企業へ投資した株の配当金などだ。ＢＲＡＣは二〇〇〇年前後から収益性の高い営利会社づくりを始めた。ＢＲＡＣ銀行、ＢＲＡＣ産業（冷蔵保存）、ＢＲＡＣメイル・ネットワーク（インターネットのプロバイダー）、ＢＲＡＣコンコルド・ランズ（不動産業）など合計一一社になる（〇四年度）。出資比率は二五～九九％だ。ＢＲＡＣとは別組織になっているが、多くの関係者が役員となっている。実質的にはＢＲＡＣの活動の一部と言っていいだろう。

これだけの事業収入を生み出すには、的確なマーケティング、厳しいコスト意識、サービスの品質や合理的な管理システムなど、高い経営能力が求められるのは言うまでもない。写真で見てもわかるとおり、ＢＲＡＣの事務所はＮＧＯというより国連機関のようである。この事務所はＢＲＡＣが所有し、フロアーの一部は貸している。近くにはＢＲＡＣ印刷所やＢＲＡＣ大学もあり、一帯はＢＲＡＣ街のようだ。こうした自己資金づくりの背景にある考え方を、調査・評価局の責任者イムラン・マティン氏に聞いた。

他人のポケットから手を抜く

ＢＲＡＣが財政的な自立をめざした理由は、非常に明快かつ興味深いものであった。

「私はＢＲＡＣに勤めるようになって四年になります。以前はグラミン銀行でインターンとして、グラミン・ダイアログにかかわっていました。グラミン銀行のシステムを学んで自国で同様な活動をする人たちに研修機会を提供し、同時に資金援助もする活動です。創設者のユヌース氏は、研修のたびに参加者に聞いていました。『何年経ったら、外国のファンドから自立できるのか』と。こんなわかりやすい例え話もあります。

『もしあなたのポケットにお金があれば、いつでも好きなときにそれを使える。しかし、他人のポケットに手を入れていたら、自分が望まなくてもその人といっしょに行動しなければなら

BRAC 調査・評価局のマティン氏

ない。ビジネスプランを常にもっていれば、他人のポケットから手を抜くことができる』

BRACの自己財源づくりもまったく同じ動機です。金銭的・財政的な自立にとどまらず、そうしたハードルを越えるための知的な自立だったと思います。活動の方針と内容を決める段階で、外国のドナーから自立する意識がなければなりません。財政的な自立というのは、自分とは何者かというアイデンティティの確立と知的な自治意識が保障されることを指すのです」

南北の援助機関の間で資金をめぐって発生する課題について、これほどわかりやすく説明された経験は、いままでにない。私は思わず聞き入ってしまった。

マティン氏は、BRACは自己財源率が

高くても北のドナーとの関係は続いていると言う。教育や医療保健の分野においては、依然として外部からの資金提供が重要であると述べた。

「ＢＲＡＣは長い時間をかけて、北のドナーとの関係をつくってきました。経験(Experience)、証明(Evidence)、学習(Learning)という三つの視点で活動を組み立て、常に具体的なアイデアを提案してきた成果です。ドナーとの対話は非常に学びに満ちています。その土台には、ドナーから財政的な制約を受けないという自由さに加えて、ドナーとの信頼関係があるのです」

ＢＲＡＣの自己資金づくりの最大の特徴は、ビジネス化ないし企業化である。それは市場を開拓し、貧しい人の雇用を生み出す。ＢＲＡＣは自らの多様な収益事業を三つに分けて考えている。活動支援収益活動(Program Support Enterprise)、関連組織事業(Related Institution)、提携事業(Affiliated Institution)」である。

①活動支援収益活動

支援対象である農民が参加し、彼らの雇用や収入を生み出す。マイクロ・クレジット、村でできる養鶏など。

②関連組織事業

活動から生まれた技術や関係を活かした事業。ＢＲＡＣ大学、ＢＲＡＣ銀行、手工芸品の販売など。ＮＧＯの独自性を活かした事業と言える。

③提携事業
ＢＲＡＣが株主となっている銀行、不動産会社、冷蔵保存会社などへの投資。

これは私が表7（六三ページ）で行った分類とほぼ同じ考え方だ。住民の支援活動と直結するもの＝活動支援収益活動、活動の知識や技術を活かしたもの＝関連組織事業、活動と直接関係ないもの＝提携事業と考えてもいいだろう。

「ＢＲＡＣは活動支援収益活動を一番大切にし、さらに発展させていきます」とマティン氏ははっきり言った。ＢＲＡＣは設立の原点、すなわち農民の生活向上の現場から常に発想していく団体なのである。

企業化への歯止めはあるのか

ここまでの回答は予測の範囲内であった。私が気になっている点は、個人や企業からの寄付や会費を集めることにＢＲＡＣは関心があるかどうかだ。
「まだそうした計画はありません。しかし、おもしろい視点だと個人的には思います」（マティン氏）
――やや批判的に言わせてもらえば、ＢＲＡＣは企業化が進みすぎて、一般市民から離れた存在になっていませんか。多くの市民は、ＢＲＡＣの活動に参加して意見を言う場がなく、ＢＲＡＣはビジネスと金儲けをしている組織と勘違いしていないでしょうか。

「その指摘は一部あたっていると思います。ただし、多くの人の開発のイメージは、チャリティと置き換えられやすいと思います。貧しい人にサービスを無料ですることが開発と考えがちです。何かをしてもらっても、その代償が必要だとは考えません。でも、現実的には、貧しい人を持続的に助けたいと思うなら、ビジネスを立ち上げるしかないのです。私たちにはもっと起業家精神が必要です。たくさんの例を見せることによって、市民社会はしだいにそれを理解すると思います」

北のドナーの援助資金に依存しないために、慈善的なサービスを行うだけではいけないという考え方は理解できる。しかし、国内の市民社会との距離をどう縮めるかについては、答えていない。自国の市民が参加し、意見を述べる場をもたずに、彼らを「開発の受益者」と考えるだけでいいのだろうか。そして、どんな活動が適正か、どんなＮＧＯ組織が望ましいかについての人びとの声をどのように吸収し、反映するのだろうか。国内の市民との密接なつながりのないまま巨大な資金をかかえた組織は、健全な存続ができるのだろうか。私は続けて聞いた。

——多くの市民は、ＢＲＡＣに対して透明性が必要と思っていないでしょうか？

「ＢＲＡＣはすでに組織としてかなりの透明性を確立してきました。毎年、詳細な会計報告を出しています。また、ＢＲＡＣには独立したオンブズパーソンが一名います。これは〇四年に始めた制度で、オンブズパーソンは不正、不健全な運営、差別行為などを常に監視し、チェックするのです。もちろん、これらを今後さらに検証していく必要はあると思います」

持続性の高い開発活動とはチャリティではなく収益の上がる活動だという指摘は、ひとつの事実ではある。その意味で、貧困層が直接プロジェクトにかかわるとともに、彼らが収入を得られる活動支援収益活動を大切にしていきたいというビジョンは、ＮＧＯとして重要だ。

しかし、収入の三分の一近くがマイクロ・クレジットであることを考えると、やや疑問を感じる。マイクロ・クレジットは村の貧しい人びとのニーズがあるとはいえ、貧困ゆえにそのニーズが再生産されて成立するものだ。マイクロ・クレジットそのものが村人の生活をよくしているのか、付加価値の高い農産品を生み出す仕組みを育てているのかは疑問である。

また、事業収入のうち、関連組織事業(八四ページ表9の商業事業)と提携事業(表9の投資による収入と賃貸収入)は貧困層のための開発事業とは異なるビジネスである。もちろん、これらの割合は事業収入の四分の一弱なので、ＢＲＡＣが商売に偏っているとは断言できないが……。

貧しい人びとのために活動するＮＧＯとしての機能と、事業収入を上げる企業的機能が拮抗する形で、ＢＲＡＣの組織運営は進んでいる。先達者たちが引退して活動が硬直化し、組織存続が優先されるようになると、企業的機能が肥大化する可能性は十分にある。これからどう変化してくか、よく見つめていかねばならないだろう。

疑問が残るオンブズパーソン

ＮＧＯではまだ珍しいオンブズパーソンに会うことにした。オンブズパーソンは、行政監察委員、苦情処理係、人権擁護者などと訳されるが、私の経験から言えば常駐の監事的存在である。

ＢＲＡＣのウェブサイトを開くと、オンブズパーソンのページがあり、名前、事務所の住所、携帯電話の番号が書いてある。誰にでもアクセスできることがよくわかる。

リキシャに揺られて事務所に向かう。ＢＲＡＣの本部事務所から一〇分ほど離れたマンションの一室だった。オンブズパーソンはマンズルール・カリム氏。農業省を退官した役人だ。彼をアシストするのはサフィウル・ラーマン氏で、やはり農業省の役人だったという。そのほか事務の補佐や運転手など合計五名のスタッフで運営されている。

――いつからこの仕事についたのですか？

「〇四年九月からです。ＢＲＡＣから誘いがあって、着任しました。三年契約で、契約更新はありません」

――このシステムをどう思いますか？

「私が政府で働いていた八〇年代のなかば、ＢＲＡＣが徐々に大きな案件を扱うようになっていったのをよく覚えています。当時から、いまのような大きな組織になるという予感はありました。オンブズパーソンというシステムは当然必要だと私は思っています。ＢＲＡＣ以外にも規模の大きなＮＧＯがいくつかありますが、将来的にはこのシステムを取り入れるべきです」

――どのくらいの相談件数があるのでしょうか。電話が多いのですか？

「一年間で一〇〇件ぐらいでしょうか。電話がほとんどで、たいてい夜にかかってきます。人事上の不満や仕事の問題をスタッフが相談してくるケースが多いです。上司とよく話し合い、それでもダメな場合は正規のルートできちんと苦情を述べるように勧めます。内部に不正が明らかにあると判断される場合は、ＢＲＡＣの上層部に知らせます」

――給料をもらっているのですか？

「はい。ＢＲＡＣの給料システムとは違い、一定額で請け負っています」

――何日くらい働くのですか？　理事会には出席するんですか？

「ＢＲＡＣの就業日数と同じだけ働く約束です。理事会には毎回出席し、問題がある場合は私が議題を提案することもできます。ただし、そうしたケースはめったになく、その前に問題解決されることがほとんどです」

――こうした役割は政府関係者に向いているのでしょうか。

「いいえ、役人である必要はまったくありません。社会経験と常識的な判断能力があれば、民間人でも学者でもいいのではないでしょうか」

オンブズパーソンは巨大化した組織の透明性を確保するシステムであるが、苦情受付係のような印象をもった。ＢＲＡＣ内部に大きな問題がないかぎり、出番はあまりないようだ。役人ＯＢが選ばれていることは、官僚の天下り先とも考えられ、ＢＲＡＣが政府にいかに気を遣っているかがわかる。組織の成長のために政府との共存ないし配慮が大切だということは理解できるが、そこに市民の存在の重要性はあまり感じられない。

ＢＲＡＣから指名された役人ＯＢのオンブズパーソンが、本当に組織の健全さを維持できるのかは、はっきりしなかった。やはり、市民の声を積極的に取り入れる方法を確立する時期にきているのではないだろうか。

国際NGOへの挑戦

アメリカは〇一年一〇月に、同時多発テロの報復としてアフガニスタンを攻撃した。これに対して多くのＮＧＯがアフガニスタン支援を開始し、ＢＲＡＣも支援に乗り出した。それは、組織運営上の戦略からだけではない。戦争で苦労した同じ南アジア圏で暮らす同胞を支援するという心情的動機もあったようだ

「ＢＲＡＣはバングラデシュの独立戦争後の混乱のなかで設立され、インフラづくりや人道的支援をしながら、活動を広げてきました。アフガニスタンの状況は、設立当時の体験と非常に

似ていたのです。イスラム教の国でもあるし、ＢＲＡＣができることがあるのではないかと考えました」(マティン氏)

五月に国際ＮＧＯとして登録し、カブールに事務所を開設する。〇四年には三四州のうち一九州で活動し、二一八四人のスタッフが働いていた。そのうち九三％がアフガニスタン人である。対象地の村人は一〇万人以上にのぼり、貧困解決のためにバングラデシュでの経験を活かして活動を進めてきた。教育、保健衛生、マイクロ・クレジット、農業支援などバングラデシュと同様の活動に加えて、子ども兵士の社会復帰、女性の職業訓練、地域自治の役割を担う組織づくりなども実施している。

同じイスラム教徒であり、食生活も近いなど、欧米のＮＧＯより利点が多かったこともあり、活動は急速に広がった。オックスファム米国、オックスファム香港、スウェーデン国際開発局、ノビブ、世界銀行、ユニセフ、世界食糧計画、米国国際開発庁、英国国際開発省などＢＲＡＣに資金的な支援を行った組織は多い。

この事例はＮＧＯのあり方に以下のような新しい視点を投げかけた。

①南の開発ＮＧＯは、他の開発途上国を支援することが可能である。

②南の開発ＮＧＯは、他の開発途上国で北の開発ＮＧＯより安いコストで活動できる可能性がある。

③南の開発ＮＧＯは、宗教や食生活の点で北の開発ＮＧＯより開発途上国の文化になじみやすいときがある。

これらは考えてみれば当たり前であり、私が不必要に南の開発ＮＧＯに対する固定概念をもっていただけだ。ただ、高い自己資金比率が、ＢＲＡＣをこうした活動に押し出す大きな力となっていたのは間違いない。こうしたケースが今後も増えるとすれば、欧米ＮＧＯの独壇場であった開発途上国で、いずれ南の開発ＮＧＯが競争相手となる。そして、南の開発ＮＧＯのほうが質や能力の点で勝る時代がくるかもしれない。そのとき、北と南というＮＧＯの分け方は成立しなくなるだろう。

北の開発ＮＧＯとの活動の質の差についてマティン氏に聞くと、明言を避けつつ、こう言った。

「ＢＲＡＣは、アフガニスタンで活動の規模を三年間で広げられた数少ないＮＧＯです。とにかく具体的に提案し、結果を新しい活動方針に活かしてきました。欧米のＮＧＯよりコストが安いのは言うまでもありません」

――次の一〇年間の目標は何ですか？

「グローバルな開発組織（Global Development Organization）になること、開発知識のグローバルリーダー（Global Development Knowledge Leader）になることです。また、アフリカへの展開も視野に入れています」

ＢＲＡＣの自己資金づくりの経験と国際ＮＧＯ化の動きは、北の開発ＮＧＯだけでなく、南の開発ＮＧＯにとっても興味深いはずだ。財政的に自立しているＢＲＡＣは、おそらく今後も南の開発ＮＧＯのあり方を根本から考え直す活動を展開するだろう。それは、「北と南」「援助する側とされる側」という構図そのものが変わろうとしている前兆のひとつなのかもしれない。

4　国内の寄付比率が高いＮＧＯ――タイのプラティープ財団

七〇年代から広がったタイのＮＧＯ

タイでは二〇世紀初頭から、現在のＮＧＯにつながる団体は存在していた。それは王室系・福祉系といわれる団体で、古くは一八九三年設立のタイ赤十字協会（ＴＲＣＡ）がある。[13]

貧困問題に取り組むＮＧＯが出現するのは、急速な経済成長が始まる一九六〇年代からだ。農村やスラムの貧困問題が浮き彫りになり、国がその対応に追いつけないなかで、ＮＧＯが活躍する空間が生まれていく。七三年の学生革命後には、政治意識の高い学生や若者によって多くのＮＧＯが設立された。その後、政治的な活動に傾くＮＧＯに対して政府は抑圧的な政策をとるが、七九年に規制を緩めて以降、ＮＧＯは増加していく。

八〇年代に入ると五〇近いＮＧＯが設立され、カンボジア難民、エイズ、環境破壊など活動分野も多様化する。[14] 日本のシャンティ国際ボランティア会(ＳＶＡ)もこの時期にバンコクに拠点を置き、カンボジア難民キャンプで精力的な活動を進めていた。政府はＮＧＯの成長と増加に対応し、開発政策のパートナーとして捉えるようになる。こうして、タイのＮＧＯは他のアジアの国々と同様に、社会に影響を与えるセクターとして順調に育っていった。

この時期、ＮＧＯ活動の連絡調整を行う組織がいくつか生れた。タイ・ボランティア・サービス(ＴＶＳ、八〇年)、タイ開発支援委員会(ＴＤＳＣ、八二年)、農村開発タイＮＧＯ連絡調整委員会(ＮＧＯ―ＣＯＲＤ、八五年)などである。[15] ＮＧＯ数の正確な把握はむずかしいが、ＮＧＯ―ＣＯＲＤの名簿では四六〇となっている。また、非営利組織として一万六〇〇〇が法人登録されているという。[16]

九〇年代以降は、環境破壊、エイズ、ストリートチルドレンなど、経済発展にともなう負の課題を取り上げる活動が目立ってきた。

灯りに照らされた財団

ここでは、国内で自己財源を集めるＮＧＯの事例として、ドゥアン・プラティープ財団を取り上げたい。プラティープ財団は、バンコク最大のスラム街であるクロントイで広範囲な住民支援活動を行うNGOである。

NGOに少し詳しい日本人には、創設者のプラティープ・ウンソンタム・秦さんとともによく知られている。プラティープさんが「アジアのノーベル賞」と言われるマグサイサイ賞を七八年に最年少で受賞した女性であり、夫が日本の代表的なNGOシャンティ国際ボランティア会のスタッフである秦辰也氏であることなども、日本とのつながりを深めている理由かもしれない。

プラティープ財団の名称の由来を創設者であるプラティープさんの名前であると考える人は多い。しかし、彼女は自分の名前を入れることに消極的で、みんなが共有できる名称がふさわしいと考えていた。そこで、ある人が「どんな困難にあっても常に灯り(プラティープ)に照らされている」という意味の「ドゥアン・プラティープ」を提案し、財団名となったのである。そのため、ろうそくの炎のマークが団体のシンボルとなっている。

プラティープ財団の生い立ちは、ドラマに満ちている。現在プラティープさんは事務局長を務めながら、上院議員でもあるという非常に忙しい立場だ。わずかな時間をぬって、二〇〇五年一一月にインタビューし、あわせて、彼女が若いころから活動を支えてきたウドム・イェンルディ氏からも、財団の歴史や考え方を聞いた。

日本でも知られているプラティープさん

首相の後押しで財団を設立

プラティープさんは一九五二年、クロントイの貧しい家庭で生まれた。八人兄弟の五番目である。五〇～六〇年代に急速に広がったこのスラムには、現金収入を求めて地方から来る貧しい農民があふれていた。その労働力に支えられてタイは経済成長をとげたが、スラムの住居、衛生環境、教育は大きな問題をかかえていた。

——有名になった「一日一バーツ学校」はどのようにして始まったのですか？

「私は六歳のときから、路上で物売りをしていました。家庭が貧しく、一〇歳で学校の勉強を断念したんです。その後、学校に行きながら収入が得られる仕事ができないかと思い、文字の読み書きを教える一日一バーツの授業料で教える学校を自力で始めました。この学校は、親たちが安心して仕事に行けるうえに、子どもの学ぶ機会になると、スラムの住民からは好評でした。ただ、実は私は免許をもたない違法な教師だったんです」

当時を振り返って、プラティープさんは笑った。そのお金で彼女は一六歳になって高校に通うことができたのである。

そのころ、英国からタイに戻ってジャーナリストの仕事を再開したウドム氏は、取材をとおしてプラティープさんを知る。彼は一九一六年生まれで、八九歳になる老人だ。両親は中国人だが、タイ語を使い、積極的にタイ文化を取り入れた家庭で育つ。タマサート大学を三年で卒業後エジンバラ・ポストで働く機会を得て、数年を英国で過ごした。第二次世界大戦後に三〇歳でタイに戻り、ジャーナリストをしてきた。

――どんな経緯で、プラティープさんをマグサイサイ賞に推薦したのですか？

「私は友人から、マグサイサイ賞の設立に関して相談を受けました。そのこともあって、タイの候補者を提案する責任者になっていたんです。女性の候補者を見つけるのに苦労していたとき、取材で会ったプラティープを思い出し、推薦しました。彼女が二〇歳になったばかりのときです」

――受賞が決まったときのプラティープさんは、どんな様子でしたか？

「マグサイサイ賞の公共福祉部門が彼女に決まったという報告を受けた私は、さっそく電話をかけ、『君がマグサイサイ賞に選ばれたよ。奨励金が二万ドルもらえるよ』と告げたんです。すると、彼女は受話器の向こう側で、『そのお金で子どもたちのための組織がつくれるわ』とすぐに答えたのが印象的でした」

——その賞金がきっかけで、いまの財団ができたんですね。

「そうです。彼女たちはすぐに組織づくりの話し合いを始め、私も何度か出席しました。ある関係者が『このお金を貯金して、その利子で活動をしよう』と言ったので、私は『お金を手元に残そうとしてはいけない。積極的に活動を展開すべきだ。このスラムには何万人もの子どもがいる。つまり、それだけたくさんの仕事をつくる必要があるということだ。仕事をすればするだけ、活動資金は自然と集まる』と訴えたんです。私のアドバイスどおり、彼女たちは活動を広げました。それが新聞などに紹介され、マグサイサイ賞の奨励金と同じぐらいの寄付金が寄せられたのです。活動は弾みがついた車輪のようにどんどん広がっていきました」

——その後、順調に発展していったのですか？

「そうでもありません。それまでの言動から、私は共産党の活動家ではないかと警察関係者から誤解を受けていました。そのため、なかなか財団設立の許可を取り付けられずにいたんです。政府は当時、ＮＧＯが政治活動を扇動したり反政府的な動きをすると警戒していて、規制が厳

しい時代でした」（プラティープさん）

――では、どのように問題を解決したんですか？

ウドム氏は笑いながら、当時の不思議な出来事を話してくれた。

「プラティープが困った顔をして私のところに相談に来たので、私は『近くに首相官邸があるから、首相に相談したらどうだ』と、官邸のある方向を指差して言いました。もちろん、私は首相を個人的によく知っていたわけではありません。しかし、プラティープはその足で首相官邸へ行き、クリアンサック首相との会見に成功。首相は彼女の事情を理解し、『わかった。私から警察関係者に連絡を入れて誤解を解き、財団設立に協力するように伝える』と答えたのです」

――そんなことが本当にあったんですか？

「ときどきそうした奇跡が起こるんですね」とウドム氏は笑って言った。プラティープさんは少し恥ずかしそうに、はにかんで聞いている。

その後、財団の設立手続きはスムーズに進み、クリアンサック首相を理事長に迎えてスタートした。そして、スラムの子どもたちや家族の生活向上のために、人材開発センター、スラムチャイルドセンター、住民麻薬取締委員会などの活動が次々と生まれていく。プラティープさんを中心としたリーダーたちの強いボランタリズムが、多くのタイ市民の心を動かしたと言えるだろう。

半分近くが国内からの寄付

プラティープ財団は、タイ市民からの寄付を受けて成長を続けてきた。現在の財政規模は年間一億円を超えている。寄付の割合は、〇三年が三七％、〇四年が四六％にのぼる（外国人の寄付は含んでいない）。このなかには一七（〇四年）のタイ企業からの寄付も含まれているが、ほとんどは個人の少額の寄付である。毎月、欠かさず五〇〇バーツ（約二〇〇〇円）や一〇〇〇バーツを寄付するのだ。

設立当初、若い女性がスラムで活動していることが新聞に大きく取り上げられ、たくさんの寄付が寄せられた。寄付したのは、新聞を見て共鳴した中流階層だったと言う。

「私は一度も『寄付をしてください』と大々的に広報したことはありません。でも、寄付してくださるのです。もちろん、喜んで使わせてもらっています」（プラティープさん）

寄付を継続的に続けるタイ人は約五〇〇〇人、仕事を手伝うボランティアを加えると、約二万人がプラティープ財団を支援している。こうした支援者が資金の使い道や報告を求めることはあるが、いったん報告内容に満足すると、その後は細かい点を問いただすことは少ないという。もちろん、運営の透明性に関しては注意を払い、支援者への報告は怠っていない。

最後に、外国からの資金をどう考えるか聞いた。

「最近タイのＮＧＯ関係者の間で、外国のお金を使うことは悪いイメージで語られる場合が多くなりましたが、私はそうは思っていません。国内であろうが外国であろうが、助け合うことは可能ですし、必要です。人を助けたいという素直な気持ちは、タイ社会のものであろうと外国のものであろうと、受けとめる必要があると思います。大切なのは、必要以上に資金をもたないことです。

そして、ドナーの都合で活動する側にプレッシャーを与えたり介入してはいけないでしょう。以前、三カ月ごとに詳しい報告書を提出してほしいという北のドナーがありましたが、現場では大きな負担となります。ドナーが何でも自分たちの思うとおりにしたいというのであれば、その資金は受け取りません。また、将来的には外国の資金の割合を抑えて、財政的に自立したいと思っています」

寄付は国内でも外国でも受け入れるが、制約の多い外国ドナーの資金は求めず、そもそも必要以上に資金をもたないと考えているのだ。

――タイでは今後、ＮＧＯへの支援者が増えていくと思いますか？

「まだはっきりとはわかりませんが、ここ数年タイの人びとは非常に仏教に関心をもつようになってきています。今後はＮＧＯを支援する層がもっと増えていくかもしれません」

プラティープさんは、力のこもった目でそう答えた。

人のためにできることがある

この後、私はクロントイの近くに住むプラティープ財団の支援者の家を訪ねた。車は細い曲がりくねった道を走り、小さなビルの前に止まった。注意していないと気づかないくらい小さなクリニックが一階にある。その経営者兼医者であるペット・ナロン・ソング・シリ氏は、一五年来の支援者だ。

クリニックの通路には安そうなプラスチック製の椅子がいくつも並べられ、人がすれ違うのもむずかしいくらいの狭さだ。診察室のドアを開けると、四〇代の人あたりのよさそうな男性が出て来て、「どうぞ中へ」と私を招いた。診察室も狭く、ベッドに腰をおろして話していると、膝がぶつかりそうになる。

ペット氏は以前バンコク郊外のクリニックで働いていた。しかし、通勤に時間がかかるため患者とゆっくり話す時間がなく、コミュニティでの人間関係がうまくつくれなかったという。自分も同じ地域で患者と生活したい。そう考えて、知人の紹介もあり、クロントイ地区で九〇年代なかばからクリニックを始めたのである。

スラム街で診察を続けるなかでペット氏は、生活環境や労働環境が人びとの健康に与える影響を強く意識するようになる。生活全般の向上が伴わなければ、いくら治療してもきりがないのではないか。また、住民自身が健康を守る知恵を学ぶ必要性も強く感じていた。そんなとき、

プラティープ財団近くのクロントイ・スラム

患者を通じてプラティープ財団の活動を知る。住民からさまざまな評判を聞くにつけ、日に日に関心が高まっていった。

そして、実際に訪ねて活動の様子を見せてもらう。スラムで暮らす子どものための保育園やコミュニティセンター、本の読み聞かせ、助け合いのための住民組合など活動の幅広さと的確さに共鳴した。なにより、そこで働く人たちの真摯な姿勢に打たれ、自分ができることから協力しようと決め、支援を始めていく。

――年に何回ぐらい寄付をするのですか？

「一～二回、多いときで三回です。私だけでなく、妻が寄付するときもあります。たとえば誕生日とかクリニックの開設記念日とか、自分たちがお祝いすべき日には寄付するようにしています。妻も仕事をしていて収入があるので、『今度は私ね』と交代で寄付したりします」

——なぜ寄付をするのですか？　自分のためにもお金が必要ではないですか？

「医者としてここに暮らすうちに人びとの健康を考えることが多くなり、何か自分にもできないかと考えるようになりました。プラティープ財団を見ていると、わずかなお金でも多くの人にチャンスがつくれることがわかります。私がお金を手元に残すよりも、貧しい人のために使われるほうが幸せを感じ、心の平安を得られるのです」

——そう考えるようになったのは、なぜですか？

「お金をもっていたら貧しい人にあげなさいと、親からずっと教えられてきました。何かを他の人とシェアできる関係が幸せなのだと学んだのです」

ペット氏は生活や収入に余裕はあるが、決して裕福という印象は受けない。インドのサン氏と同様に、ペット氏の行動にも両親や家族から学んだ「家族以外の他者を思いやる」生き方や価値観が強く反映している。

プラティープ財団は、他者への思いやりや質素な生き方を美徳と考える中流社会の心をつかんでいるようだ。財団と支援者の関係は、社会貢献をお金で買うだけのシステムではなく、新しい価値観を共有する場として、強い信頼関係でつながっているのではないだろうか。それは、プラティープさんを中心とするリーダーの強いボランタリズムと他者を思う気持ちが支援者の気持ちと共鳴するからであろう。

5　パートナーシップから財政的な自立への道

第1章では、南北NGOにとってパートナーシップは対等さを意識した表現であるが、実態はあいまいで、寄付者への信頼を得るために北の開発NGOはプロジェクトに一方的な関与を行いがちであることを述べた。多くの北の開発NGOは真面目にプロジェクト管理するあまり、いつの間にか実質的なオーナーとなっている。南の開発NGOが、北の開発NGOの過度な関与を避けたい、突然終わるかもしれない北の開発NGOの資金ではなく、より安定した資金で活動したい、と強く願うのは当然だ。それが自己資金づくりへと駆り立てている。

たしかに、北の開発NGOの多くは自国の専門家を総責任者とする直接的なプロジェクト支援から、徐々に南の開発NGOとのパートナーシップという協働スタイルに変わっていった。南の開発NGOも多様な北のドナーから資金を集め、リスクを分散させている。とはいえ、南の開発NGOの多くは依然として北のドナーに資金を依存しているのが現実である。

そうしたなかでスヴァラジは、オックスファムのインド支部的な組織から、インド社会に根ざした組織として自立し、中流層からの寄付を中心にした運営をめざしている。「インド市民にできることを提示する」という市民社会に向けた明確なメッセージをもっていた。

ＢＲＡＣは、事業収入によって財政的な自立を進めた南の開発ＮＧＯの成功例である。ただし、事業収入の多くはマイクロ・クレジットであり、関連事業はまったくのビジネスだ。今後の方向性を注意してみていく必要がある。また、バングラデシュの市民から資金を調達するビジョンがまだない点を考えると、自己財源の確保には成功したが、市民社会との関係づくりは十分ではない。

プラティープ財団は、設立当時から多くのタイ市民の支援を得て成長してきた。現在も活動資金の半分近くをタイの市民や団体から得ている。弱者のために献身的に働こうとするボランタリーな姿勢が、多くの中流層の共感を生んでいるのだ。「ドナーの都合を押し付けるような資金はいらない」として、ＮＧＯと寄付者が対等に、活動への共感をとおしてつながりあうことを重視している。

私はこの三つの例が特殊とは思わない。今回の調査過程で、自己資金を調達しようと努力する南の開発ＮＧＯはほかにも多く見られた(17)。ここで、三つの事例から学べることを整理しておこう。

①南の開発ＮＧＯが自己資金をつくるのは、自分たちが自由な活動をするためである。
②南の開発ＮＧＯが自己資金をつくる方法には、事業収入と個人からの会費・寄付がある。
③事業収入による資金獲得は成功例が多く、多額の資金が得られる場合もあるが、営利追求に傾く可能性もある。また、市民社会との関係が深くなるとは限らない。
④会費・寄付による自己資金調達は、市民の共感や参加を生み出す。ただし、十分な活動資金を得るにはまだ制約がある。

自己資金を調達する場合、事業収入と会費・寄付の二者択一を考えがちだが、決してそうではない。どちらも重要で、その組み合わせや比率を状況に応じて議論すべきだろう。

事業収入に特化すれば、営利主義的な活動傾向を生み出す。バングラデシュではＢＲＡＣの成功に続けと、多くのＮＧＯがマイクロ・クレジットを始めた。たしかに一定の収益は上がっているが、組織の存続が優先されるあまり、マイクロ・クレジットが活動のほとんどになったＮＧＯも見られる。貧困層のために活動するＮＧＯの特性が、事業収入の増大に拘束されてしまっている状態だ。

一般市民から会費や寄付を集める場合は、彼らの参加を呼びかけるメッセージが強く現れる。スヴァラジのパテル事務所長は、こう言った。

「私たちが寄付を呼びかけるのは、『あなたにもできることがある』『参加しませんか』という問いかけでもあるのです」

北の開発NGOは、会費・寄付を提供する市民に支えられて成長してきた。寄付を呼びかけるという行為は、単に資金を得るという以上に、市民社会をNGOのよきパートナーとするための関係づくりなのである。

では、NGOが市民に資金的に支えられると、組織はどう変わるのだろうか。資金を提供する市民とNGOの関係はどういうものなのだろうか。それを第3章で考えていきたい。

（1）バングラデシュのグラミン銀行が一九七六年から始めた、貧困層を対象としたローン。貧しい農民に無担保で一万円前後を貸し付け、約一年かけて毎週返済させる。利子が銀行側の収入となる。貧困層への無担保の貸付にもかかわらず、九九％近い返済率を保ち、「開発援助の世界の奇跡」とも言われている。いまでは世界各地に広がった。活動地の住民サービスと活動収入を両立させ、自己財源を確保する手段でもある。

（2）貧困世帯の女性にNGOが原材料、作業場、機材を提供し、技術研修を行って、手工芸品を作らせ、NGOが都市部で販売して恒常的な収入源をつくる活動が、一九七〇年代から盛んになっていく。原材料代や管理経費をカバーして、北の開発NGOからの財政的な自立につながるケースも多くあった。

（3）BRAC、PROSHIKA（プロシッカ、ベンガル語の研修と学びを組み合わせた造語）、ASA（アシャ、ベンガル語で希望という意味）など。いずれも、現在もマイクロ・クレジットの利子収入で大きな財源を得ている。

（4）朝鮮戦争の戦争孤児や寡婦を支援するために、一九五〇年に米国で設立されたNGO。日本では、独自の理事会をもつＮＧＯとして八七年に活動を始めた。

(5) インドに住む少数民族の呼び方で、「後進部族」の意味。人口の八・二％（インド政府の二〇〇一年センサス）にあたり、憲法で存在が認知され、一定の枠で保護政策がとられている。

(6) ＮＧＯの農村開発事業推進のためにインド政府が助成金を提供する制度が、一九八六年につくられた。政府が設立したＣＡＰＡＲＴ（Council for Advancement of People's Action and Rural Technology）という団体が提供し、年間約五億ルピー（約一一億円）近い支援をしている。

(7) 佐藤宏「インド――ボランタリズムと国家規制のせめぎあい」重冨真一編『国家とＮＧＯ――アジア一五カ国の比較資料』日本貿易振興会アジア経済研究所、二〇〇〇年、四五ページ。

(8) ヒンドスタニー語で「自治」を意味する。インドの国民会議派が一九〇六年のカルカッタ大会で、スワデシ（Swadeshi）（国産）とともに採択した実践綱領の標語。ベンガル分割条例に反対し、インド人自身によるインド統治（スヴァラジ）達成を運動目標とし、その手段として英貨排斥・国産愛用（スワデシ）を提唱した。

(9) たとえば、グジャラート州でインフォーマル・セクターで働く女性たちの地位向上のために組織され、二〇万人以上の会員をもつ労働組合ＳＥＷＡ（Self-Employmed Women's Association）、ケラーラ州で識字活動の普及を進める民衆科学運動の全国ネットワーク、ムンバイ（ボンベイ）のスラム居住者が高層マンション開発の取り組みを支援したＳＰＡＲＣ（Society for Promotion of Area Resource Centres）などがある。詳しくは、斉藤千宏編『ＮＧＯ大国インド』明石書店、一九九七年、参照。

(10) Foreign Donation Regulation Ordinance。団体の登録、プロジェクトの事前承認と事後報告、資金管理のルール、政府の監査、団体解散時の資産の扱いなどが決められている。

(11) 下澤嶽「バングラデシュ巨大ＮＧＯ〝ＢＲＡＣ〟の歴史と役割」『国際教育研究紀要』第三巻、東和大学国際教育研究所、一九九七年。

（12）バングラデシュ政府財務省のウェブサイトより。http://www.mof.gov.bd/previous_budget/budget_2004/afs/afs_statement 2.pdf

（13）田中治彦「北タイのＮＧＯ活動の歴史と課題――特に参加型開発・参加型学習に着目して」『立教大学教育学科研究年報』第四九号、二〇〇六年。URL：http://www.rikkyo.ne.jp/~htanaka/05/NNGO 01.html

（14）前掲（13）。

（15）前掲（13）。

（16）重冨真一「タイ――批判的並行関係の交錯」前掲『国家とＮＧＯ――アジア一五カ国の比較資料』一一九～一三六ページ。

（17）たとえば、バングラデシュのＶＥＲＣ（Village Education Resource Center）は研修の提供によって、タイのＰＤＡ（Population & Community Development Association）はレストラン経営や野菜販売などによって、それぞれ自己財源を集めている。

第3章
活動資金を出す市民とNGOの関係

ネパールのNGO・SOUPが活動するカトマンズ市ゴファル地区

1　ＮＧＯを支える市民たち

市民とＮＧＯの共鳴

北の開発ＮＧＯが自国内の市民に活動資金の提供を呼びかけるのは、どの国のＮＧＯにとっても自明のこととして考えられてきた。

日本で自発的な市民の活動としてＮＧＯが生まれたのは、一九七〇年代である。当時は、小さな事務所にアルバイト・スタッフがいるぐらいの、法人格をもたない任意団体がほとんどで、ＮＧＯという呼び方も現在のように普及していなかった。そんなＮＧＯに資金提供してくれるのは、活動を理解する一部の市民以外にはなかった。その後、こうした会費・寄付だけでなく、民間団体の助成金、チャリティー・コンサートや現地の手工芸品販売などの事業収入、企業からの資金提供など、資金調達のチャンネルがしだいに増えていく。そして、八九年以降は日本のＯＤＡからも資金が出されるようなる。

ＮＧＯの社会的認知度が高まるのと軌を一にして、活動資金のリソースは多様化していった。それでも、市民の会費・寄付が安定した資金源であることに変わりはない。寄付金額を大きく増やしてきた(財)日本ユニセフ協会、(財)プラン・ジャパン、(特活)ワールドビジョン・ジャパンは、個人を中心に集めている。[1]

ＮＧＯと寄付者との関係はすでに述べてきたが、あらためて整理しておこう。ＮＧＯはさまざまな人道的課題の存在と自分たちの活動の意義を市民に知らせ、「共感」を引き出そうとする。共感した市民が寄付をすると、お礼状、活動報告、会計報告などがタイムリーに送られてくる。そのなかでＮＧＯは、適切な活動を効果的に行っていることを強調して伝える。こうした「信頼」感を醸成するために、「村人の喜びの声」や「大臣賞の受賞」などの情報を提供していく。こうしたサイクルが数回続くと、寄付をする市民は、そのＮＧＯを「信頼」するに足る組織であると認識するようになる。

こうして市民はＮＧＯを「信頼できる代理人」として認知し、寄付が継続的に行われる。ここで言う「代理人」とは、さまざまな人道的課題を自分に代わって解決に導いてくれる存在という意味である。

会費と寄付の違い

ここまで会費と寄付を同等に扱って述べてきたが、実はこの二つは微妙に違う。

会費は、会の正式なメンバー(会員)として認知されるために支払われる。金額は一定に決められており、普通は年に一回支払う。

会員は、正会員と、それ以外に分けられる。正会員は「会の趣旨に賛同し、会の運営にも一部かかわる」権利を有し、総会の議決権も有する。正会員でなければ、役員にはなれない。また、会の趣旨に賛同して会員になるが、正会員のような権利をもたない会員制度も多い。たとえば「賛助会員」は、寄付者とほぼ同義語的に使われていることもあり、会員の名称と権限はNGOによって違いがあって、正確な定義はむずかしい。

寄付は、活動に賛同した市民が活動費の一部を提供するシステムである。金額は自由な場合が多い。会費のように決められた金額を定期的に支払うのではなく、特定の活動に共鳴した市民が随時提供するのである。したがって、寄付者には運営にかかわる権利は通常ない。

会員はNGOのポリシーや考え方に賛同する人びとで、寄付者はより具体的な活動に共鳴する人びとと言えるかもしれない。しかし、会費や寄付を支払う本人には、こうした区別があいまいな場合が多いのではないか。自分を会員と意識している寄付者もいれば、ほとんど寄付者的な意識で会費を払い続けている会員も多い。この点を理解するために、私の印象的な体験を紹介しよう。

私が働いていたシャプラニールは、九二年ごろから会員の増大に力を入れていく。私が転職した八八年の会員数は約八〇〇名だったが、九八年には四〇〇〇名を超えた。活動資金が安定し、多くの市民に支えられているという状況は当然、働くスタッフを勇気づける。「シャプラニール＝市民による海外協力の会」の名称どおり、私たちは市民に支えられるNGO、市民が参加するNGOでありたいと、よく語り合ったものだ。

シャプラニール内部では、会員や寄付者の考え方がいつも論点となった。「会員はそういったことは望まない」「会員はそれを望んでいる」と、運営にかかわる関係者は「会員」を代名詞にして、活動のあり方を議論した。

九八年に入って、毎月発行していた会報『南の風』を隔月発行にする提案がされた。提案したのは事務局側で、経費と労働力の軽減が一番の理由である。実際、印刷費、発送費、作成するスタッフの人件費など、経費削減には大きな効果が期待できた。じつは、この提案のきっかけは、「経費がもったいないので、あまり印刷物を送らないでほしい」という一部の会員からの電話が何度かあったからである。しかし、役員会はこの提案をめぐって非常にもめた。

「会員が活動に参加するには、もっと情報を提供する必要がある」

「いろいろ情報を送っても、多くの会員は報告会にも出てこないではないか」

「会員によって支えられるNGOならば、会員が学ぶ場をしっかり提供すべきではないか」

「会員には、会報の内容がむずかしいという声も多い。会報をそれほど読んでいないのではないか」

「会員は……」

役員も事務局スタッフも、たしかに「会員」のために議論した。だが、誰もが自分のつくりあげた会員像を述べているだけなのがしだいにわかってくる。会員について十分に知らずに、自分の内部でそれぞれの会員像をつくって発言していることに気づいたのだ。そこで、提案を再吟味するために、会員と寄付者の一部に電話インタビューすることになった。

アトランダムに抜き出された会員と寄付者のサンプルは約二〇〇名。事務局スタッフが分担して電話をかけ、約三分の簡単なインタビューをする。「会報の回数は適当か、多すぎるか」に加えて、「会にどのようなことを望むか」「どのような行事に関心があるか」といった会員のニーズを聞き出す内容で、それを集計した。

この結果うかびあがってきた会員や寄付者の実像は、意外なものであった。約九割強の会員と寄付者の意見を要約すると、こんな感じだろうか。

代理人としてのＮＧＯ

――はじめまして。シャプラニールの下澤と申します。いま、会員や寄付者の方々に数分の電話アンケートにご協力いただいています。よろしいですか？

「ああ、シャプラニールのスタッフの方ですか。いつもご苦労さまです」

――会報を隔月にする案が出ております。この点についてどう思われますか？

「会報を編集するのが大変でしたら、かまいません。情報は十分いただいております」

――過去どのようなシャプラニールのイベントに出られましたか？

「いつもお誘いいただいているのに、なかなか参加できなくてすみません」

――シャプラニールに対して、何かご意見ありますか？

「いえいえ、本当にご苦労さまです。寄付しかできなくてすいません（実は会費なのだが、本人は寄付と考えているようだ）。これからもがんばってください」

――会のあり方について、ぜひご意見をください。

「皆さんの献身的な働きに本当に感謝しています。これからもがんばってください」

ほとんどが、こうした反応だった。運営の中心にいる理事やスタッフは、会員や寄付者を自分と同じような存在と思い込みがちだ。しかし、多くの会員や寄付者は自分の代理人としてシャプラニールに資金を提供しているつもりでおり、熱心なスタッフやボランティアの献身的な働きに共鳴している存在なのだ。自分が会員なのか寄付者なのかも明確に意識していない場合もある。

わかりやすい言い方をすれば、ＮＧＯのスタッフ・理事と会員・寄付者の関係は、野球場のプレイヤーと観客の関係なのかもしれない。プレイヤーは精一杯のプレイをし、ドラマを演じていく。観客はそのプレイを見守り、自分のことのようにドキドキしたり感動したりする。観客にとって、プレイヤーは「自分の代わりに素晴らしい野球を演じる代理人」なのだ。だから、いいプレイをするチームには観客が増えるし、観客はそのチームに関心をもつようになる。会員・寄付者にとってNGOとは、「自分の代わりに地球上の問題や人道的な課題を解決していく代理人」である。

もちろん、なかには自分の意見をしっかり述べる会員もいるし、運営に強い関心をもつ会員もいる。彼らはプレイヤーに近い存在だ。したがって、スタッフ・理事と会員・寄付者の役割分担を一方的に決め付けるのは危険だが、経験的な実感としては、観客型の会員・寄付者が圧倒的に多いのではないかと思う。

観客による活動のチェック

南の開発NGOが会費や寄付を集めていけば、こうした観客を増やしていくことになる。観客が増えたとき、BRACのような事業収入に頼るNGOと比べて何が違ってくるのだろうか。まだ仮説だが、多くの会員や寄付者を集めることで、NGOは次のような組織的傾向をもちはじめるのではないだろうか。

第一に、会員や寄付者が理解でき、満足できる活動内容を優先して考える。具体的には「一番貧しい人びとが役に立つことを優先する」「現場の実情に合わせた活動を優先する」「会員・寄付者がわかる言葉で表現する」「会員・寄付者に活動の情報を絶やさない」などである。

第二に、会員や寄付者の声に耳を傾けるようになる。会員・寄付者の期待や反対に対して敏感になり、場合によってはそれに合わせて活動方針を一部変える。野球で例えるならば、「私の市で試合をしてほしい」「試合開催日を増やしてほしい」「選手と交流したい」といった観客の声にこたえる球団運営ということになる。

第三に、ＮＧＯ側に会員や寄付者に対する説明責任が発生する。その範囲や方法はＮＧＯによって異なるかもしれないが、会員・寄付者が運営内容の妥当性に強い不満をもった場合、組織運営上の情報を公開する義務が発生する。とくに、会計諸表の公開が重要なのは言うまでもない。

ＮＧＯにとって会員や寄付者を増やすという行為は、活動場所（グラウンド）の近くに観客を招き入れ、観客の共感を維持しながら活動することを意味する。そうである以上、観客によって活動（プレイ）のチェックを受けることを覚悟しなければならないだろう。

2　閉じられた組織運営の弊害

南の開発ＮＧＯは民主的な運営が行われていないのではないか、運営体制が閉鎖的である、とたびたび指摘される[2]。

シャプラニールの現地駐在員だった長畑誠は、会報『南の風』（一九九六年二月号）に寄せた原稿「バングラデシュＮＧＯの現状と課題」で、「外国からお金をもらい、外国の助成団体とこの国の法律の許す範囲内で、何でも自由に活動ができるのがＮＧＯである」と述べて、民主的なチェック機能が弱いと指摘。①活動の結果を公開し、すべての関係者に対して責任をもつこと、②活動の主体である村人自身の参加を高めていくこと、を強調している。

また、Ｃ・ミシュラはネパールのＮＧＯ社会を分析して、以下のように述べる[3]。

①南の開発ＮＧＯの活動内容に対して北の開発ＮＧＯの強力な関与があるために、開発途上国の社会に対する説明責任や透明性が十分確保されていない。

②北の開発ＮＧＯが目に見える成果を望むがゆえに、サービス配給型になりやすい。

③会員制（Membership mode）はとっていても、親しい友人や親戚といった限られたメンバーで

特定のドナーの資金管理をする信託統治制（Trusteeship mode）に近く、市民参加の場が十分にない。

重要な情報を積極的に開示し、不特定多数の人びとの声を聞いて、社会に開かれた組織をめざしても、資金獲得にはつながりにくく、むしろ総会の場で乗っ取られるなどのリスクがあるという不安を、多くの南の開発ＮＧＯはもっているのかもしれない。それゆえ、理事会や評議員会が設置されていても、実態としては監視や参加の場にはほとんどなっていない。これまで私が見てきた南の開発ＮＧＯは、会員制度を形式的にはとっていても、中心メンバーと北のドナーとの間でプロジェクトの内容を決めているケースが多かった。

この問題は、南の開発ＮＧＯの資金づくりの構造にも理由がある。多くの南の開発ＮＧＯは、ほぼ一〇〇％北のドナーの資金で運営されてきた、と言ってよい。資金調達が巧みなスタッフが実質的に動かし、総会はそれを形式的に承認する構造になっている組織がほとんどなのだ。英語で開発のトレンドに沿った北のドナーが好む申請書を書けることが、資金獲得のために重要な能力である。その競争に生き残れるか、常に南の開発ＮＧＯは北のドナーの方向を見ながら仕事を組み立てている。

そうしたＮＧＯを見て、開発途上国の人びとは、ＮＧＯは北のドナーの資金で「不透明な運営をしている」とか、「ぜいたくな車に乗り」「エアコンのある事務所」で仕事をしていると訴える。そうした疑惑や羨望をもたれやすいのは、閉じられた運営体制のためである。

また、ときには政党政治に密接に関与するケースも見られる。筆者がシャプラニール在職中に発生したバングラデシュのＮＧＯの事例を紹介しよう。現地の新聞やＮＧＯからのヒヤリングをもとに、整理したものである。

二〇〇四年五月、ＰＲＯＳＨＩＫＡ（一一二ページ参照）の理事長であり、ＮＧＯネットワーク組織ＡＤＡＢ（Association of Development Agencies in Bangladesh、バングラデシュ開発機関協会）の議長でもあるカジ・ファルク氏が、逮捕された。表向きの逮捕理由は活動資金の横領罪だが、真の理由はＮＧＯの立場を利用した政党政治活動に対する警鐘であった。

ファルク氏は一九七六年にＰＲＯＳＨＩＫＡを創設して理事長を務めるかたわら、長年にわたってＡＤＡＢの議長を務めてきた。ＰＲＯＳＨＩＫＡの年間予算は一六〇億円に近く、巨大ＮＧＯのひとつである。ＡＤＡＢは七四年に設立され、正会員約二六〇団体、準会員約九五〇団体という、バングラデシュの代表的なＮＧＯネットワーク組織だ。まさしく彼は、ＮＧＯ界のリーダーといってよい。

九〇年代なかばから、ファルク氏が当時の与党アワミ連盟寄りの発言をＡＤＡＢの声明として発表するなど政党政治に密着した姿勢が、ＮＧＯ内でしだいに批判されるようなる。〇一年一〇月の総選挙では、ＰＲＯＳＨＩＫＡは自らの活動地域でアワミ連盟の支援活動を公然と展開。他の政党からも、厳しい批判を受けた。

総選挙でアワミ連盟が敗退し、野党だったBNP（バングラデシュ国民党）が与党となった結果、ファルク氏とPROSHIKAは名指しで与党から厳しく追及されはじめる。〇二年九月二三日には、不正な選挙活動をしていたと思われるマニクゴンジ県のシャツリア地区とマニクゴンジ地区にあるPROSHIKA事務所に警察の強制捜査が入り、書類やビデオが押収された。ファルク氏の逮捕は、そうした流れの一環と推測されている。

日ごろからNGOへの警戒心をもっていたBNPは、ファルク氏の逮捕後NGOへの規制をさらに強めていく。ADABの理事が運営するプロジェクトに対して政府の許可がおりず、いやがらせを受けたケースもあるという。

こうした状況下にもかかわらず、ファルク氏はADABの議長に再選された。そのため、反対するメンバーが〇三年二月に、新たなNGOネットワーク組織としてNNCC（National NGO Coordination Committee、全国NGO調整委員会）を設立するに至った。

政府の課題や制度上の問題を指摘し、健全な方向に変えていく活動は、市民社会に期待される役割だ。しかし、開発援助資金で活動するPROSHIKAが、特定政党を選挙で支援することは、明らかに暴走である。これは、カリスマ的なリーダーの独走を制止する力がPROSHIKAやADAB内部になかったことを物語っている。

3　事業収入はNGOを市民に開かない

スヴァラジの模索や葛藤とBRACの成功（第2章参照）を見てわかるとおり、事業収入の増大は南の開発NGOの自己資金調達に非常に大きな位置を占めている。では、事業収入に特化した自己資金調達は、市民のNGOへの関与を高めるのであろうか。BRACのマイクロ・クレジットを例として、考えてみよう。

対象者は農村の貧困層の女性である。五名でグループを組織させ、一人一〇〇〇～二〇〇〇タカ（約一万九〇〇〇～三万八〇〇〇円）のローンを貸し付ける。利子は年利一五％前後で、借りた翌週から毎週返済する仕組みである。ローンはおもに経済活動へ向けられるが、自然災害などの緊急時や家の建設にも貸し出される。たとえば二〇〇四年度は約二五九億タカを貸し付け、返済率は九八・七％である。有名なグラミン銀行が開発した方式を応用し、運用を多少変えて実施している。

BRACからローンを借りるためには、BRACのメンバーにならなければならない。その後、現場スタッフからメンバー数、メンバーの基準、研修参加経験、貯金額などの査定を受け、それらの条件を満たして初めて貸し付けられる。それは、金銭のやり取りをとおしたサービスの提供者と消費者という関係であり、ＢＲＡＣの運営への関与とは異なる。ＢＲＡＣのスタッフは「金を貸す側」として優位に立ち、住民はその下に置かれるという構造を内包しているのである。[4]

バングラデシュでは九〇年代になると、多くのＮＧＯがマイクロ・クレジットを活動に取り入れた。相当額のマイクロ・クレジットが運用できるＮＧＯは、安定した自己資金を得ている。北のドナーとの関係づくりに腐心し、英語の申請書を書き続けてきたＮＧＯは、現在ではマイクロ・クレジットに活動時間を充てるようになったわけだ。では、資金調達が安定し、北のドナーのバイアスと依存が減った分、ＮＧＯは自由に、現場住民と密接な関係をつくるようになったのだろうか。おそらく「ＮＯ」だろう。

マイクロ・クレジットは住民をサービス利用者にするものの、ＮＧＯとの関係においては下位に置く。しかも、利子を払えない本当に貧しい住民は、借りることすらできない。利用者としての住民がＮＧＯの活動方針に意見を述べ、決定プロセスに参加することは、あり得ない。こうして考えると、事業収入は北のドナーから自立できる財源を生み出す重要な活動ではあるが、組織を市民社会に開いていく要因とはならないことがわかる。

もちろん、だからといってＢＲＡＣの活動が独断的で偏りがあるとか、利益だけを追い求めているということではない。ただ、市民が参加し、支える部分をもたなければ、暴走することがあり得る。ＢＲＡＣは市民社会との関係づくりという点においてはまだ発展途上であり、答えを出していない。

それでは、会費や寄付による自己資金づくりは、組織をどのように開くのか、ネパールの事例をとおして考えたい。

4　支援者が組織を開く——ネパールのＳＯＵＰの挑戦

会費と寄付を中心にしたＮＧＯ

個人からの会費と寄付を中心に自己資金を集めてきたネパールのＳＯＵＰ(Society for Urban Poor、都市貧困者のための協会)を、ここでは詳しく取り上げる。[5]ＳＯＵＰは一九九二年にカトマンズ旧市街に住むネワール人[6]のボランティア有志で結成されたＮＧＯである。

ネパールには未登録の団体も含めるとおよそ一万五〇〇〇近いＮＧＯが存在すると言われているが、[7]都市貧困層を対象とするＮＧＯは少なかった。九〇年代後半はマオイスト[8]と政府との武力抗争で農村部の活動がむずかしくなり、カトマンズ市周辺で活動するＮＧＯが徐々に増える傾向にあった。ＳＯＵＰはカトマンズ市内のネワール人コミュニティを対象に、子ども会、貧困世帯の女性を対象とした識字教室、収入向上活動などをボランティアで進めてきた。

最初に活動を始めたゴファル地区は、商人カーストや農民カーストのネワール人が多い旧市街で、約一五〇世帯、八五〇人が暮らしている。ビジネス拠点や大きな店舗はなく、地域住民が日用品を購入する小売店が立ち並ぶ下町の商店街だ。道は細く、間口の狭い五〜六階建てのアパートが軒を連ねる。男性はおもに勤めに出るか小商いに従事し、現金収入が少ない世帯も多い。ＳＯＵＰは現在、このような四つの地区(ward)で地域開発活動を実施している。

ＳＯＵＰは、多くの南の開発ＮＧＯとは違う性格をもつ。設立当初はリーダーが住む地域に活動地を限定して、伝統的コミュニティの維持・再生に取り組んだ。市民運動体ないしＣＢＯ(Community Based Organization、地域を基盤とした組織)としての側面をもつ組織といえる。それゆえ、ネワール社会に伝統的に存在する相互扶助組織の「グティ」[9]や「クラブ」[10]との関係が深い。

そして、個人の会費や寄付、ボランティアの労働提供によって運営され、北のドナーからの活動資金はまったく受け取ってこなかった。北のドナーに活動資金を一〇〇％依存するＮＧＯが多いなかで、これは稀なケースである。当初は、政府系開発機関の職員、他のＮＧＯで有給スタッフとして働くソーシャルワーカー、ビジネスマンなどが会員やボランティアとして活動を支えていた。会員は年会費か終身会費を支払うほか、定職に就いていれば寄付も奨励されている。定職に就いていない会員は、ボランティア活動への参加が求められ、その時間が金額に換算されて、会費や寄付と同じ貢献と認められる。

子どもと女性を対象にしたボランティア活動

ＳＯＵＰの活動は、地域住民とボランティアの議論のもとで積み重ねられてきた。期間を決めて緻密に計画されたプロジェクトとは趣が異なる。おもな活動は、①子ども会、②成人女性対象の成人識字学級、③女性のための経済支援活動に分けられる。

かつてのネワール人住居の中庭。ごみが積み上げられていた

①子ども会

カトマンズ旧市街は、共有スペースである四角い中庭を囲む複数の世帯が地域の最小単位となっている。中庭の清掃は清掃

カーストが行い、代償に食事が提供される。彼らは堆肥に使える生ごみを引き取り、郊外の農民に売って収入を得るという条件で、掃除を請け負っていた。したがって、住民自らが清掃をする習慣はなかったし、そもそも清掃作業は低いカーストが行う仕事と考えられ、住民は一般に嫌がった。

しかし、化学肥料の普及で堆肥の需要が減り、収入につながらなくなったため、中庭の清掃を請け負う人びとが減少する。ＳＯＵＰの活動地域の中庭も、ごみ捨て場のようになった。しかも、私立学校に通う中学生以上の子どもたちが増え、学校が生活の中心となり、共有空間である中庭で遊ぶ機会も少なくなったのである。

そこでＳＯＵＰは九五年に、同じ地域に住む七歳から一五歳ぐらいまでの子どもたちで子ども会を結成し、中庭を掃除して遊ぶ空間を蘇らせるようにした。最初は清掃だけだったが、市役所職員の助言を得て、九七年からはごみの分別回収を開始。一キロあたり三ネパールルピー(約四・五円)で業者に買い取ってもらうようになった。子ども会はその後、歌、ダンス、演劇などに取り組んだり、ごみ問題をおとなに訴えたりと、多様な活動を行っていく。こうした活動は、〇五年から地区の組織であるユース・コーナー・クラブ[11]に移管された。

②女性対象の成人識字学級

カトマンズ市内で子どもが小・中学校に通うのが当たり前になったのは、八〇年代以降であ

ガンガさん（中央）は成人識字学級で初めて読み書きを学んだ

る。就学の機会がなく、文字の読み書きを知らない成人女性がたくさんいる。そこで、九四年に成人女性を対象とした識字教室を始め、現在も続いている。教室で刺激を受けた女性たちは自主的に貯金活動を始め、収入を得るための経済活動をともに行う、相互扶助のための女性グループがいくつも発足した。ＳＯＵＰの新しい活動地では、活動の導入部分で成人識字学級が開催されている。

③女性のための経済支援活動

貯金を貯めて、活動が軌道に乗った女性グループに対して、収入につながる活動の開始を支援する。手工芸品づくりの技術を教えたり、雑貨屋の共同経営を手助けするなど、側面的な支援をしてきた。最初に成功したのは、研修や式典で必要とされる料理を提供する仕出し料理業を営むマ・プチャである。現在では、年間五万ルピー近い純益をあげている。そのほか、石けんづくり、日用品店舗の経営、会計管理の研修など、女性のニーズに合わせた八つの女性グループ(〇七年七月現在)がある。

シャプラニールが資金調達の支援を開始

シャプラニールは九九年からSOUPの支援を始めた。SOUPが自らの考え方に合う適切なドナーを探していたのが、きっかけである。シャプラニールにとって、南の開発NGOの資金調達能力向上を支援するのは初めての経験であった。

SOUPは活動地域が三カ所に増えたとき、会費と寄付、そしてボランティアの支援だけでどこまで活動が続けられるのか不安をもったという。自己財源を集め、活動資金を増やすには、さらに広く支援を呼びかける必要があったが、それぞれに仕事があり、専属で担えるメンバーがいなかった。資金集めの能力を高めるための支援を得られないかと考えていたところ、ネパールで九六年に活動を始めたシャプラニールと出会ったのである。

シャプラニールとの協働のなかでSOUPは、市民から集めた資金は活動にも一部利用するが、残った分は貯蓄し、五年後に五〇万ネパールルピー(約七五万円)に増やすという計画を考えた。最終的にはその利息でスタッフ一名分の給料を捻出し、その後もできるだけ市民からの会費や寄付を集め、足りない部分をドナーから補う方針である。シャプラニールの支援額は年間六〇万ネパールルピー(約九〇万円)で、他のプロジェクト支援に比べれば大きな額ではない。

こうして、資金集めの担当者一名と、その活動の世話をするスタッフ一名が、シャプラニールの支援で採用された。ボランティア中心から、事務所と専従スタッフ二名をもつ体制に、SOUPは変わったのである。

なぜ自己資金調達をめざしたのか

SOUPのリーダーたちに「ネパール社会に活動資金の支援を呼びかけよう」というアイデアがどうして生まれたのか。設立当時の彼らの言動や記録をみると、三つの要因が考えられる。

第一は、リーダーたちが九〇年の民主化後にネパールに大量に入り込んだ援助やNGOの変化に疑問をもっていたことである。ネパールでは、長年続いてきた国王親政体制が民主化運動を経て崩壊し、九〇年一一月に主権在民・複数政党制を明記した新憲法が公布された。

その後、北のドナーの資金を得るためだけにNGOをつくる人びとが現れ、地域のニーズを無視して得意な活動や資金が得やすい活動だけを行おうとする傾向が生まれていく。たとえば、短期間に就学期の子どもの奨学金だけを配布したり、十分な調査もせずに女性の職業訓練センターを建設したりするケースが、よく見られた。リーダーたちはNGOスタッフとして、持続性に欠け、地域から遊離した活動が増加するそうした状況に納得できなかったのである。

また、設立間もないころ、SOUPに対して支援を提案してきたヨーロッパのNGOがあったという。彼らは保健衛生中心のプロジェクトにだけ関心をもち、方法や期間もすでに決め、外国人ボランティアの受け入れを前提としていた。SOUPは外国人ボランティアを必要としてはおらず、この提案を断ったが、このときの経験がネガティブな学びとしてリーダーたちに形成されていた。つまり外国のNGOの資金を使うと、自分たちが本来やりたいことよりも外国のNGOの活動スタイルにあわせる結果になってしまうという、ネガティブな学びである。

第二は、地域住民の生活や価値観に対するリーダーたちの理解の深さである。地域住民が助けたいと思っている人びとへの支援活動であれば、人びとは資金提供を嫌がらないことを感じ取っていたのだ。ゴファル地区で以前から多くのボランティアが活動していたユース・コーナー・クラブの存在、住民の祭事への寄付や物乞いへの施しなどを見て、「住民は自分の地域のため、他人のために寄付をする意欲がある」と思っていたという。

第三は、リーダーたちが昔からの友人で、互いの絆が強く、活動地域が同じ民族のコミュニティだったことである。このため「自分の地域のために働くのは人間として当然」というボランタリズムが組織の設立段階に強く形成され、外国の資金に頼らない活動づくりに向かわせたと考えられる。

表10　SOUPの自己資金調達の内訳

（単位：ネパールルピー、カッコ内は%）

項目		2000	2001	2002	2003	2004	合計
寄付・会費	支援者の寄付	24,972	142,647	36,430	26,154	23,442	253,645（34.8%）
	会員の寄付	14,500	10,692	16,166	5,085	2,000	48,443（6.6%）
	会員の会費	1,400	2,500	2,300	2,300	1,510	10,010（1.4%）
	その他の寄付	0	0	2,800	170	2,000	4,970（0.7%）
	小　計	40,872（83.6%）	155,839（92.8%）	57,696（44.3%）	33,709（21.9%）	28,952（12.7%）	317,068（43.5%）
事業収入	リサイクルバザー	7,120	12,119	14,090	15,410	21,744	70,483（9.7%）
	調査受託	882	0	10,564	6,000	30,000	47,446（6.5%）
	ホームステイ	0	0	47,925	91,040	133,807	272,772（37.4%）
	カード販売	0	0	0	8,000	12,740	20,740（2.8%）
	小　計	8,002（16.4%）	12,119（7.2%）	72,579（55.7%）	120,450（78.1%）	198,291（87.3%）	411,441（56.5%）
合　計		48,874	167,958	130,275	154,159	227,243	728,509

自己資金調達の実績

ＳＯＵＰが九九～〇四年に得た自己資金を表10に示した。ＳＯＵＰの自己資金は、①個人からの寄付や会費と、②事業収入に大きく分けられる。

個人からの寄付や会費には、支援者(Support Member)の寄付、会員(General Member)の寄付、会員の会費がある。支援者は活動資金を提供する者、会員は活動を運営する者で、会員

SOUPの事務所。スタッフのビジャヤさん

は総会での議決権を有している。シャプラニールが支援を開始した九九年は、支援者の寄付を増やす方向が強調されていたが、その後は資金調達を多様化しようと、リサイクルバザー、外国人のホームステイ、子どもたちがつくったカードの販売などが行われていく。〇四年八月の第一期支援終了時点では、目標の五〇万ルピーを上回る七二万八五〇九ルピーを集められた。

当初は寄付が大半を占めていたが、〇二年から採用されたホームステイ活動の収益が増え、事業収入の比率が〇二年度(〇二年九月〜〇三年八月)は五六%、〇三年度は七八%と急増した。寄付と会費の割合は〇一年度には九三%を占めたが、〇二年度は四四%、〇三年度は二二%、〇四年度は一三

%にまで減っている。二〇〇〇～〇四年度を合計すると、寄付・会費が四四%、ホームステイ事業が三七%である(表10)。なお、〇一年度の支援者の寄付が急増したのは、SOUPの活動に共感した一人が大金を寄付したためである。

会費の伸び悩みと寄付の減少の理由は、マオイスト問題で登山やトレッキングを目的とする観光客が激減するなど、ネパールの経済状況の悪化であろう。一方でおもに日本人を対象としたホームステイは持続的な活動として確立しつつあり、この収益が収入の核になってきている。治安悪化にもかかわらず日本人のホームステイ利用者が伸びたのは、二つの要因が大きい。ひとつは、シャプラニールなどからの情報が口コミで広まったことである。もうひとつは、比較的治安のよいカトマンズ市内で行われるので、マオイスト問題の影響をそれほど受けずにすんだからである。

ホームステイでは、ネパールに関心のある外国人がネワール人の家庭に寝泊りし、食事や日常生活をともにして、ネワール人コミュニティの文化を学ぶ。観光案内や特別なサービスはせず、いっしょに生活する。受け入れ家庭にはホームステイ利用者が支払う料金の五五%が支払われ、四五%がSOUPの活動資金となる。

この五年間の実績は、ネパールNGOの現状から考えると評価に値する。ただし、残念ながら利率の極端な低下(九九年の年利一〇%が、〇四年は三%程度)によって、利息運用による組織運営は実現できず、目標を修正せざるを得なくなった。また、寄付・会費の割合が減っているのは、収益事業が予想を上回って伸びているからであるが、総額も減っている。経済状況の悪化だけが理由なのかをよく考えなければならないだろう。割合についても、組織を開くという意味でどの程度が適正なのかについて検討しなければならない。

結果的に事業収入の割合が高くなってきているが、ネパールの経済状況を考えると、会費や寄付に過度に頼ることはむずかしい。重要なのは、会費や寄付が次年度から仮に入らなくなっても困らない程度の額であってはならないことだ。その点から、現在の一二・七％はできるだけ維持する必要がある。

北の開発ＮＧＯは自己資金として、個人の寄付や会費、事業収入を重要視してきた。企業からの寄付やＯＤＡ資金の活用も進んでいるが、これらは景気や政策の変化に応じて変動しやすく、ときとして財政に負担をかける。しかし、個人の寄付や会費は、ＮＧＯに対する寄付者や会員の信頼感が損なわれないかぎり、大きな変動がない。自分たちの努力や工夫で制御しやすく、また多くの市民を味方につけられるからこそ、自己資金を重要と考えてきた。

だが、開発途上国においては、ある程度の金額の寄付を持続的に提供できる層は一握りにすぎない。しかも、そうした人びとは都市部に集中している。したがって、南の開発ＮＧＯに北の開発ＮＧＯの財政哲学をそのまま押し付けるわけにはいかないかもしれない。また、ＢＲＡ

Cの例からわかるように、事業収入による自己資金づくりの成功例もある。

南の開発NGOの予算に占める自己資金の割合、そして寄付や会費と事業収入の割合について、まだ結論を出すことはできない。しかし、市民社会のNGOへの参加と関心を高めるために、寄付と会費の役割が重要であることは明らかだ。その意味でSOUPの〇四年度の一二・七％という会費と寄付の割合は、市民社会のなかに存在しようと考えてきたSOUPにとって大きな意味をもっている。市民社会に対して組織の透明性を確保し、運営にかかわることを呼びかけてきた成果であるからだ。

支援者・会員の素顔

SOUPの着実なボランティア活動の継続は、支援者や会員の広がりにつながっている。ここでは二つの例をあげよう。

支援者のひとりビッディア・ショドル・サケ氏(四〇歳)は大学卒業後、ゴファル地区で商売を営んでいる。以前は地区長を務めていたそうだ。

サケ氏はあるとき、ゴファル地区内でSOUPが成人女性の識字学級を始めたという話を聞く。成人女性を対象にした地区の活動はなかったし、識字のニーズがあるのかもわからなかった。さっそく活動現場を見に行くと、たくさんの女性が熱心に勉強していたという。教師はS

ＯＵＰの創設者の一人であるグジェショリ氏で、無給で引き受けていた。

　それまでゴファル地区で活動していたＮＧＯの多くは、ネワール人の生活や文化に関心が薄く、ときには自分たちの組織の都合を住民に押し付けたが、ＳＯＵＰは違うとサケ氏は感じたという。強く感銘を受けた彼は、その場ですぐに寄付者となることを決めた。以後、毎年一〇〇〇ルピー（約一五〇〇円）の寄付を続けている。

表 11　SOUP のメンバーの概要

		支援者	会員	合計
性別	男性	24	17	41(62%)
	女性	13	12	25(38%)
職業	サラリーマン	19	20	39(59%)
	商業	9	5	14(21%)
	主婦	5	2	7(11%)
	団体職員	2	0	2(3%)
	地域行政職員	1	0	1(2%)
	学生	1	2	3(5%)
学歴	大学院卒	5	9	14(21%)
	大学卒	8	8	16(24%)
	高校卒	19	12	31(47%)
	その他	5	0	5(8%)
居住地	活動地域	6	7	13(20%)
	活動地域外のカトマンズ市内	24	21	45(68%)
	カトマンズ市外	2	0	2(3%)
	海外	5	1	6(9%)

　もうひとつは、識字学級の女性たちのケースだ。ＳＯＵＰが支援する八つの女性グループのうち二つは「自分たちに与えられた機会を他の女性たちにも広げたい」と考えて、活動の収益から寄付を毎年している。なかでも、最初に結成されたマ・プチャは、収益の三割近く（一万二〇〇〇〜一万八〇〇〇ルピー）を七年間にわたって寄付し続けてきた。

　支援を受ける側が支援団体に寄付す

るというケースは非常に珍しく、ＳＯＵＰのもつ人間関係の深さがよくわかる。そして、強いボランタリズムをもっているがゆえに、外国の資金で活動していたＮＧＯと違って、周囲の人びとにもボランティアの輪を広げられたのである。

サケ氏のように寄付を続ける支援者は三七名いる（表11）。寄付は、特定のプロジェクトを指定する指定寄付と、活用先を指定しない一般寄付に分かれている。前者は活動地区の子どもの奨学金などにあてられ、後者はおもに積み立てにまわされる。

会員は二九名で、海外に住む一名を除くと全員がカトマンズ市内に住むネワール人だ。古くからの活動地であるゴファル地区やダラチ地区の出身者は七名で、残りは市内各地に住んでいる。会費は年間一〇〇ルピーで、カトマンズ市内で三回分程度の外食費にあたる。それほど高い額ではないが、最低三カ月のボランティア活動に参加する義務があるから、ハードルは高い。また、自己申告で、年収の一％、ボーナスの二〇％の提供も奨励されている。支援者と会員を合わせて六六人になる。この六六人がＳＯＵＰの活動を日常的に支えている。

メンバーの職業はサラリーマンが約六割を占め、二割が小商いをする者である。ここからもわかるとおり、一定の収入がある中流層が中心である。学歴は高校卒が四七％と多く、大学卒、大学院卒と続く。全体としては高レベルといえるだろう（表11）。

ＳＯＵＰの支援者・会員はネワール人が中心という点で、閉じられた文化的特徴をもつ。そ

図3 支援者・会員拡大のプロセス

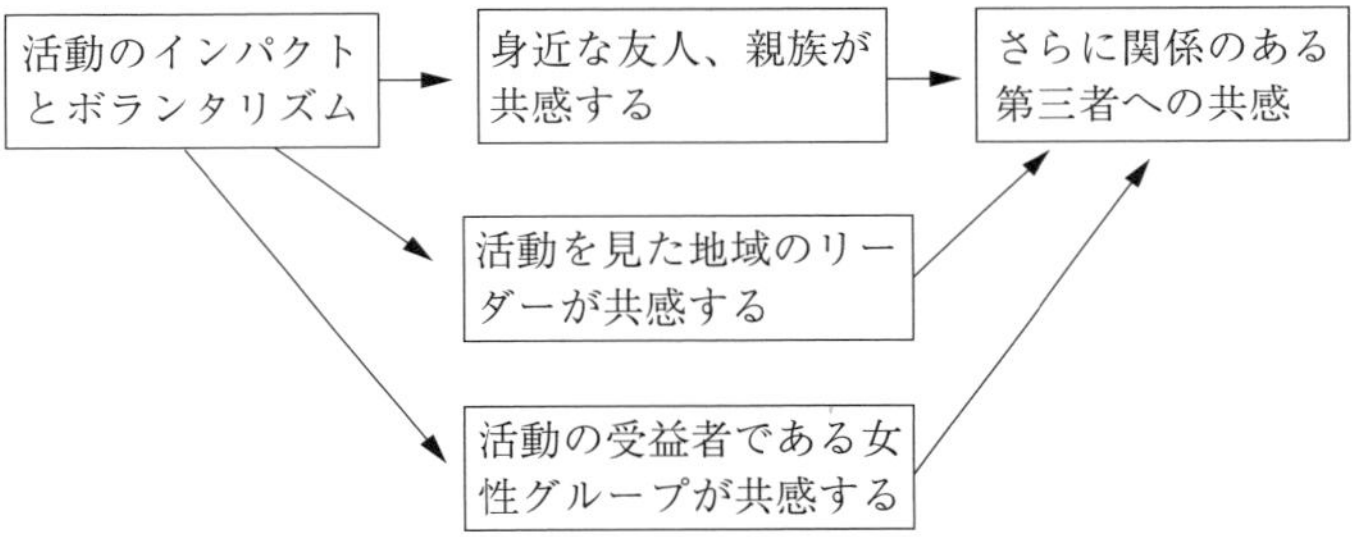

のため、ネワール人以外を排斥したり、活動が地縁関係に限定されているのではないかという危惧があった。ネワール人は日常的に同じ民族や血縁者同士で生活し、独自のアイデンティティをもつ。しかし、教育を受けた若い層は民族を超える価値観も身につけている。実際、活動地に住む支援者・会員は一三名と二〇%にすぎず、地縁的なつながりによって動員されているわけではない。多くの支援者は活動内容やメンバーのボランタリズムに共鳴し、個人の主体的な意思で参加している。

民族ごとにコミュニティが形成されているネパールでは、多民族による自立的な活動はむずかしい。ネワール人中心という構成は、設立して間もない段階としては当然かもしれない。とはいえ、それは価値観、視点、メンバーを狭める大きな要因であり、他の民族へ支援者・会員を今後どう広げるかが、組織拡大の鍵となる。この点について中心メンバーは意欲的で、ネワール人コミュニティ以外での活動計画づくりが議論されていた。

これまでの支援者・会員の拡大は図3のように、中心的なメバーが同僚、友人、親族などに支援を働きかけ、彼らが活動に共鳴して、他の友人や知り合いに働きかけるというプロセスであった。また、噂を聞いて活動を見学しに来た地域リーダーが会員になったケースも三件ある。こうした口コミをとおした広がりは活動のインパクトによるものだが、広報力という点では限界がある。とはいえ、活動の初期段階としては、支援者・会員の拡大に成功したと評価できるだろう。

会費と寄付を中心にした活動の成果

北のドナーに活動資金を依存しているほかのNGOと比べて、個人からの会費と寄付を中心にした活動の成果は、大きく以下の二つに整理できる。

①自立した運営姿勢

五年間で完全な財政的自立を果たしたわけではないが、当初の目標を上回って七〇万ネパールルピーの貯蓄をもち、自分たちが自由に運用できる資金をもつことで、より活発な組織運営ができるようになった。「自分たちがやりたい活動を自由にできる」基盤ができたのである。

中心メンバーはこの成果に自信をもち、国内における資金調達活動を広範囲に展開する意欲につながっている。さらに寄付を集め、その資金で事務所を建て一階を店舗として貸し出し、活動資金を捻出するというアイデアが語られていた。外国ドナーから自立した運営姿勢が形成されたと言えるだろう。

②開かれた総会と支援者とのつながりの形成

ネパールのＮＧＯは、総会を開催し、活動のチェックを会員から受けることが政府によって義務付けられている。だが、その機能は形骸化し、総会出席者は名誉職的な色彩が強い。大半の総会では実質的な議論が行われないし、開催すらしないＮＧＯもある。

これに対して〇四年八月に開催されたＳＯＵＰの総会は、一日かけて行われた。午前中は受益者も招いて活動報告が行われ、午後は一時から六時まで会員による議論が続いたのだ。午前中は五〇〜六〇人が参加し、総会は会員二九人中二四人と高い出席率であった。総会では代表の交代も承認された。会やプロジェクトの運営に積極的に意見を述べたり、自らもボランティアとして参加したりと、会員の活動への関心と主体性は強い。ＳＯＵＰは、多くの観客を自分たちのグラウンド(活動地)に引き込むことに成功したと言ってよい。

総会は、活動を執行する側と支援する側をつなぐ場である。ここですべてを決定するわけにはいかないが、この場が担保されていることが市民とＮＧＯの信頼関係を育てていく。また、定期的に会報やパンフレットを支援者や近隣の住民に配り、情報提供を続けてきたことも、組織の透明性を高め、支援者との強いつながりを形成した。

北のドナーからの資金のみで南の開発ＮＧＯが活動を展開する場合、支援するＮＧＯと支援を受ける受益者(住民)の関係は固定しがちだ。受益者側は、プロジェクトやＮＧＯに対して依存的・ただ乗り的になる傾向が強い。受益者にならなかった周辺の人びとは、たいてい活動を傍観している。

一方、ＳＯＵＰの国内における資金調達活動は「地域の人びとに役立つ活動をする組織」というイメージを強く伝え、ＮＧＯ、受益者、周辺市民の三者を協力し合う方向でつなぎ合わせる働きをもつ。市民社会における人と人とのつながりとは、こうした場を言うのではないだろうか。

それを新しい公共をつくる「共感」と表現してもよい。この共感を軽くとらえ、資金や制度だけでＮＧＯの機能を強化するのは、自主的な市民の力でつくられているＮＧＯ本来のあり方を歪めるものである。会費と寄付による自己資金調達活動は、北の開発ＮＧＯへの資金依存を生みやすい「パートナーシップ」的な関係による制約と、閉じられた組織形成という二つを乗り越える可能性を示唆しているだろう。

開かれた組織をつくるために

では、ＳＯＵＰの事例はすべてのＮＧＯに通用するだろうか。二つの点を考慮しなければならない。

第一に、NGOの多くが活動する農村部ではカトマンズ市のように中流階層が存在しないので、個人による資金提供がどのぐらい現実的か慎重に考えなければならない。ただし、第2章で紹介したスヴァラジのように資金を都市部で獲得し、活動を農村部で行うケースもあるから、農村部でも可能性がまったくないわけではない。

第二に、個人からの寄付・会費と、事業収入、そして北のドナーからの資金の適切な割合についてよく検討する必要がある。シャプラニールとSOUPとの連携はいまも変わっていない。シャプラニールは支援総額を少し減らして、〇五年度からの三カ年プロジェクトの支援を継続中である。しかし、ネパールの政治的混乱のためカトマンズ市内の治安も危ぶまれるようになり、観光客だけでなく援助関係者やスタディーツアーの訪問も減って、ホームステイ事業の収入は予想したほど増えていない。また、経済の悪化にともない、会員や寄付の増加も頭打ちとなったままである。それでも、組織は維持しなくてはならないから、現在は北のドナーからの資金獲得の努力を始めている。

そもそも脆弱な経済基盤が多い開発途上国では、政治的混乱や不況が続くと、NGOの自己資金づくりは大きな打撃を受ける。南の開発NGOの自立のむずかしさを痛感する。とはいえ、SOUPの自己資金調達意欲は依然として強く、開かれた組織づくり、活気ある総会は続いている。

北のドナーの資金だけに依存した南の開発ＮＧＯの活動は、いうまでもなく問題である。また、活動資金の大半を事業収入から生み出す場合は、市民社会に対する健全なアカウンタビリティをどう保つかという課題が残る。

自国の市民からの会費と寄付を集める努力を続けるとともに、組織を市民社会に開いていかなければならない。会費と寄付は、南の開発ＮＧＯが自国の市民社会としっかりつながり合うために欠かせない要素である。南の開発ＮＧＯが国内で自己資金を集め、北のドナーの資金への依存から自由になることは、自分たちが必要と思う活動を行い、それを自国の市民社会に評価してもらうという、ＮＧＯ本来の姿に近づくことでもある。

これまで、サービス供給中心で、北のドナーの望むプロジェクトを代行するが、市民社会には組織が開かれていないという、南の開発ＮＧＯの体質が見られた。しかし、会員や寄付者を増やして、市民との開かれた関係を構築していかなければならない。事業収入を増やすほうが利益をあげやすいと考えて、市民の参加や対話を「お金にならない」と切り捨ててしまうのであれば、その組織は市民社会と共存しようとする価値観を持ち合わせていないことになる。

会費や寄付金は、ＮＧＯがどれだけ市民に支援されているかのバロメーターである。「お金を出したくなるほどの共感」を集められない組織は、市民に支持されない。北の開発ＮＧＯはそうした共感を集めて活動資金をつくり、自らの存在証明をしてきた。活動費の一部が身近な市民に支えられていることは、南の開発ＮＧＯのアイデンティティ形成につながる。そして、市民の声を意識して活動に反映させる。こうした「共感の繰り返し」のなかに、ＮＧＯが組織の基盤をつくる土台が形成されるのではないだろうか。

ＳＯＵＰの今後の変化も注意深く見なければ、成功した組織と評価するには早いかもしれない。だが、ＳＯＵＰにはネパールの市民社会と共存していこうという意欲と可能性が感じられる。

市民社会とつながる南の開発ＮＧＯの成長を促すのであれば、北の開発ＮＧＯは新しい視点で自らを内省しなくてはならない。そのためには、自分の役割を固定化しない柔軟さと、現場の住民のニーズから必要な活動を生み出そうとする努力が、常に求められている。

（１）プラン・インターナショナルは一六四～一六五ページ参照。日本では一九八三年から活動を開始した。

（２）INTRAC, *Direct Funding from a Southern Perspective: Strengthening Civil Society?* INTRAC, 1998, p.83.

（３）Mishra, Chaitanya, "New Predicaments of Humanitarian Organization", Bhattachan, Krishna, B., et al., eds., *NGO, Civil Society and Government in Nepal,* Central Department of Sociology and Anthropology, Tribhuvan University, 2001, pp.5–6.

（４）ＮＧＯの活動が早くから進んだマニクゴンジ県では、洪水などの自然災害や凶作のときにローンの返済に絡んだ事件や不払い運動がよく起きていた。村人はＢＲＡＣのスタッフの前では従順な態度をとるが、「金貸しNGOが来た」と冗談まじりで揶揄するのも日常的な光景のひとつであった。

（5）SOUPの自己資金調達の活動に関する情報収集は、シャプラニール内部の資料、SOUPの資料、関係者への現地でのインタビュー（二〇〇四年九月）による。インタビュー対象者は、SOUPの中心メンバー、支援者、女性グループメンバー、子ども会メンバー、シャプラニール駐在員、駐在員OBなど約一五名で、ネワール人へは通訳をとおしてネワール語で行った。

（6）ネパールを構成する三〇近い民族のひとつ。人口は約一〇〇万人で、総人口の約三％を占める。ネパールに古くから住み、チベット・ビルマ語系の言語を話し、身体的特徴はモンゴロイド系からインド＝アーリア系まで幅広い。カトマンズ盆地の先住民であるとされているが、起源は謎に包まれている。カトマンズ盆地を中心に独特な文化を形成し、精緻で美しい建築、絵画、手工芸品などが多く残っている。黄金期は一七世紀ごろとされる。

（7）Maskay, Keshar, Bishwa, *Non-Gevermental Organizations in Development*, Modevn Printing Press, 1998.

（8）ネパール農村部を中心に活動し、毛沢東主義を政治哲学とする武装勢力。現在も政府との抗争が続き、経済と治安に大きな影響を及ぼしている。

（9）日本の講に近い。地域の祭事、冠婚葬祭時の相互扶助、もめごとの調停などにかかわることもあり、世帯主の男性のみがメンバーとなる。

（10）世帯主以外も、個人単位で参加できる、比較的若い年齢層の青年が中心的な組織。寺院の保全、祭りの開催、スポーツ大会などを行う。

（11）地域の青年たちで組織されたクラブ。祭り、スポーツ大会、チャリティー・バザーなどを行う。

第4章 二一世紀の北のNGOの役割

ジュマ・ネットの平和ミッションで現地を訪問。軍人たちが警護兼見張りにつく

1　民族対立の解決や平和の構築――ジュマ・ネットの試み

翻弄される少数民族

開発途上国でプロジェクトを実施し、そのオーナーであることで存在感を保ってきた北の開発NGOは、今後どのような役割を発揮すればよいのだろうか。

私はシャプラニールを辞めた二〇〇二年に、ジュマ・ネットという新しいNGOを数名の日本人とともに結成した。その活動は、私が直面してきた北の開発NGOの限界を超えようとする試行錯誤でもある。ジュマ・ネットは、バングラデシュ東南部のチッタゴン丘陵(図4)に居住する先住民族とベンガル人(1)の民族対立を解決するために活動している。

チッタゴン丘陵はビルマや中国文化とインド・アーリア文化の境界ゾーンとして、古くから多くの民族の移動と融合が続いてきた。現在は一一のモンゴロイド系先住民族(約六〇万人)が、丘陵の地形を活かしておもに焼畑農業を営み、米、イモ類、野菜、ゴマなどを栽培している。彼らは仏教、キリスト教、アニミズムを信仰しており、平野部とは異なる文化を形成してきた。

小国によって入れ替わり支配されたこの地域は、ムガール帝国の支配を経て、一八世紀なかばに英国の植民地となる。ただし、英国政府は納税の義務こそ負わせたが、土地の売買の許可、民事裁判、徴税権など、一定の自治権は保証してきた。そして、一九四七年に英国から独立したパキスタンに編入される。

ところがパキスタン政府は、英国植民地時代に認められていた自治権に加えて、ベンガル人の土地の売買の禁止や居住の制約を無視した。そして、先住民族のコミュニティに勝手にベンガル人が住むようになったのである。また、一九六二年に米国の援助で建設されたカプタイダムの工事に際しては、約一〇万人の先住民族が土地を追われる。しかも、代替地を与えられたのは半分以下の約四万人で、残りは難民としてインド東北部のアルナチャル・プラディシュ州へ流れ込まざるを得なかっ

図4　チッタゴン丘陵とバングラデシュ

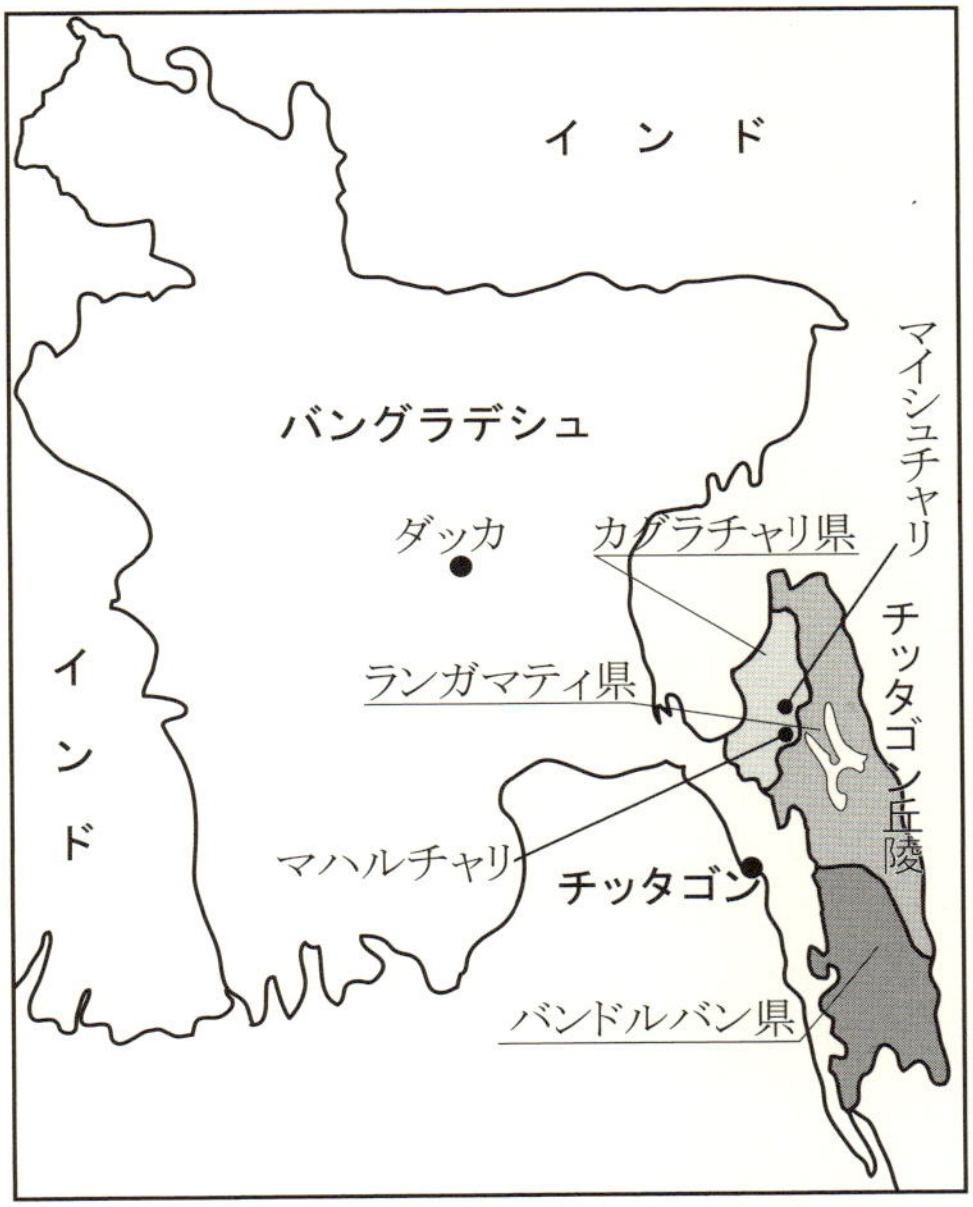

た。

七一年にバングラデシュがパキスタンから独立すると、先住民族はバングラデシュ政府に英国植民地時代のような自治権を求めるが、さらなる土地の収奪、平野部に住むベンガル人の入植、イスラム教の強要など、文化を無視した行為が増えていく。これに耐えかねた先住民族リーダーたちは七三年、ＰＣＪＳＳ(Parbattya Chattagram Jana Saughati Samity、チッタゴン丘陵民族統一党)を結成。党内に武装グループ「シャンティ・バヒニ(平和部隊)」を編成し、武力抗争に突入する。

これに対してバングラデシュ政府は圧倒的な武力で制圧するとともに、「土地を無料で与える」「食料の配給を行う」と宣伝して、平野部から貧しいベンガル人を移住させていく。八四年には、チッタゴン丘陵の先住民族とベンガル人の人口はほぼ同数となった。

一一民族の人口は、あわせてもバングラデシュの〇・五％にすぎない。ベンガル人との政治的対立が強まるなかで、八〇年代に入って、ＰＣＪＳＳのリーダーたちは一一民族の総称を「ジュマ(Jumma)」と呼ぶようになった。「焼畑をする人」という意味である。この呼称は広く普及しているとは言いがたいが、政治的な集会や印刷物にはよく使われている。

九七年になって先住民族グループとバングラデシュ政府の間で、ようやく和平協定が結ばれる。協定に沿って武装グループは武装解除し、インドに逃れた難民も段階的に帰還した。しか

ジュマの子どもたち

し、この和平協定には、先住民族の権利が認知されていないうえ、ベンガル人入植者の撤退も盛り込まれていない。しかも、政府軍の撤退や、ベンガル人入植者が不当に占拠した土地の返還手続きなどは、協定に謳われているにもかかわらず、〇七年六月現在まったく実施されていない。

そのため、内容に不満をもった一部の先住民族リーダーは新党ＵＰＤＦ(United People's Democratic Front＝人民民主統一戦線)を九八年に結成し、和平協定を推進するＰＣＪＳＳに対抗するようになった。やがて互いが殺し合う激しい対立となり、いまも和解の可能性すら見えていない。

このような小規模で慢性化した民族対立と紛争は、アジアのいたるところで見られる。しかし、アムネスティ・インターナショナルやサバイバル・インターナショナル(Survival International)(2)など一部の人権団体を除くと、開発ＮＧＯはこれまでこうした問題に十分に取り組んできたとはいえない。

虐殺にも声をあげなかった開発ＮＧＯ

私がこの問題に関心をもったきっかけは、シャプラニールの駐在員としてバングラデシュで活動していた九二年である。ミャンマー(ビルマ)政府がバングラデシュ国境付近の少数民族に対して強制移住や強制労働を行ったために、国境付近でロヒンギャ(3)と呼ばれるイスラム教徒の難民約三〇万人が発生し、シャプラニールも支援活動を行った。ミャンマー政府はロヒンギャだけでなくすべての少数民族に同様の行為をしたため、ほぼ同時期、チッタゴン丘陵に多くの仏教系難民が入り込んだ。ところが、バングラデシュ政府はその存在を認めず、仏教系難民の支援活動はできなかった。

ロヒンギャ難民への対応であわただしい四月一〇日、バングラデシュ軍とベンガル人入植者による一〇〇名以上の先住民族の虐殺事件が、チッタゴン丘陵で発生した。事件の噂は飛び交ったが、抗議したり被害者の支援をするＮＧＯはシャプラニールを含めて皆無。政府から形だけの調査報告書が出され、事件は闇に葬られてしまったのである。

この事件をとおして私は、しだいに開発ＮＧＯの活動に限界を感じるようになった。ちょうど開発ＮＧＯの評価が高まり、ＯＤＡ機関の多額の援助資金がＮＧＯに流れ始めたころである。バングラデシュ国内で活動する開発ＮＧＯの数は飛躍的に増加し、極端な言い方をすれば、猫も杓子もＮＧＯを組織し、ＯＤＡ機関の援助資金を使ったプロジェクトに邁進していた。私がかかわったロヒンギャ難民の現場は、援助資金を得るために働くＮＧＯであふれていた。ところが、車で二時間も離れていないチッタゴン丘陵で起きた虐殺事件はＮＧＯ関係者にもタブーで、どのＮＧＯも話題にもしない。私はこのギャップをうまく整理できなかった。

政府の開発施策のパートナーとして期待が高まっていた開発ＮＧＯは、基本的には国家の利益に害を与えない範囲内で活動を許されていたのである。チッタゴン丘陵ではバングラデシュ政府が土地を自由に使い、駐屯する軍が開発事業や森林の伐採によって巨額の利益を得ていた。そのため、政府軍によるジュマの人びとへの人権侵害が日常的に発生しており、政府は情報を厳しくコントロールしていた。仮にＮＧＯがこの問題を正式に取り上げたら、政府から厳重な警告を受けるか、非合法組織に指定され、活動を停止されたであろう。開発ＮＧＯは、そこまでリスクを犯すことはできない。

先住民族弾圧の加害者は、明らかにバングラデシュ政府である。にもかかわらず、ＮＧＯはいつまでも、国家の手のひらの上でしか活動できないのだろうか。国内のＮＧＯに制約が多くあるのは、理解できる。だからこそ、国外のＮＧＯがこうした問題を取り上げ、解決能力をもたない国家と先住民族の仲立ちをするべきだろう。そこにＮＧＯの役割があるのではないか。

弱い立場の先住民族の命が無残に奪われている。ＮＧＯは本来、命が奪われるような事態に対して、最初に声をあげるべき存在のはずだ。何千というＮＧＯがひしめき、数百億円のＯＤＡ機関の援助資金を使っているにもかかわらず、長く続く人権侵害になぜＮＧＯは黙り続けるのか。そんな思いが何年も私のなかに残り、蓄積されていった。

外国人だからこそできる活動

ジュマ・ネットは開発の支援が活動の主眼ではない。外国人という立場を活かして、バングラデシュ政府と先住民族の間の紛争を抑え、平和をつくることが目的である。

和平協定が結ばれた現在でも、不当な逮捕や弾圧、ベンガル人入植者による土地の収奪や襲撃事件は頻繁に起きている。たとえば、〇五年八月にカグラチャリ県マハルチャリで約四〇〇軒の先住民族の家が襲われる事件、〇六年四月にその近くのマイシュチャリで約五〇人の先住民族が襲われる事件などが発生している。その構造を政府は放置しているだけでなく、ときには加担しているのだ。

私たちはそうした状況や事件を国際社会に知らせ、バングラデシュ政府に抗議文を送ったり、人権蹂躙に対する抗議集会を日本で開いたりする。さらに、対立の激しい現地に日本人の平和ミッションを派遣し、国際的な監視の目を現場にもちこんだり、人権侵害と土地収奪の調査を秘密裏に行ってきた。

ジュマ・ネットの活動の効果がどれだけあったのか、判断はまだむずかしい。厳しい民族対立の構造は変わらない。ただし、活動を続けるなかで、現地との距離のとり方は相当に変わっている。

まず、資金獲得が目的でつながる関係が減り、政治的なかかわりが多くなった。現地の先住民族が私たちにもっとも求めるのは、人権侵害をやめるようバングラデシュ政府に海外から政治的な圧力をかけることである。そこで、日本国内だけでなく欧米の人権団体や関係者にも情報をできるだけ流している。先住民族グループとジュマ・ネットの役割は分かれているから、資金をめぐる上下関係は生じない。

次に、複数の民族が対立している現場では、部外者である外国人のほうが意見の調整や仲裁のきっかけをつくりやすい。九〇年代に入って南の開発ＮＧＯが増加し、北の開発ＮＧＯは以前のように自分たちの役割をプロジェクトの実施だけと限定できなくなった。一方ジュマ・ネットの活動では、外国人であることで役割がより明確になると実感できる。

私は開発ＮＧＯのスタッフとして、バングラデシュのフィールドで、さまざまなことを学んだ。その経験の蓄積の一部が、民族対立の解決や平和構築のための活動に役立っている。おそらく、多くの日本の開発NGOの現場にも、チッタゴン丘陵のような課題はあるだろう。外部から資金力でサービスを持ち込むプロジェクト支援だけではなく、そこに住む人びとが自らの権利を政府に対して堂々と主張できる場をつくるような支援が、もっと必要ではないだろうか。

2 「よいドナー」、ODA資金、里親

南の開発NGOが成長してきたなかで、北の開発NGOは役割を模索し始めている。国際NGOの調査や研修事業を広く実施している英国のINTRACによれば、今後の北の開発NGOの方向性は大きく三つに分けられるという。

第一は、「開発途上国にとってよいドナー」になろうとする流れである。途上国出身のスタッフを多く雇用し、中央集権的な体制を分権化する、南の開発NGOの現場との密接な関係を保つなどが考えられる。アクション・エイドがその典型的なケースだ。

アクション・エイドは、開発途上国の子どもたちに教育を受ける機会を保証しようと英国で一九七二年に設立された。年間約一億六八〇〇万ユーロ(約二七九億円、二〇〇五年)近い予算を

もつ巨大な国際NGOである。現在四二カ国（アフリカ二〇カ国、アジア一一カ国、その他一一カ国）に事務所を置き、活動している。〇三年には、四二カ国のアクション・エイドの代表で構成するアクション・エイド・インターナショナルという国際ネットワーク組織を設立。中・長期のビジョンと連携のあり方などを毎年、話し合っている。これは、途上国の現場スタッフが政策決定に参加し、ゆるやかにつながり合う場といってよい。

そして、英国事務所が力をもちがちな構造を是正するため、開発途上国事務所のトップを現地人にするのはもちろん、活動現場の事務所に権限の多くを委譲。アクション・エイド以外のドナーからの資金調達も認めるなど、現地裁量の幅を大きくしてきた。とくに、アクション・エイド・インターナショナルの事務所を南アフリカのヨハネスブルグに移したことは、NGO関係者を驚かせた。英国事務所に途上国出身スタッフを多く採用する試みも進んでいる。

こうした組織の力の分散は、多くの北の開発NGOで取り組まれている。たとえば、オックスファム、ワールド・ビジョン、セーブ・ザ・チルドレンなどで、同様な各国組織の再編成が行われてきた。

第二は、ODA機関の資金を積極的に取り入れる流れである。ケア（CARE＝The Cooperative for Assistance and Relief Everywhere）がそれに該当するだろう。

ケアは一九四五年に米国で設立され、第二次世界大戦後のヨーロッパの復興支援をおもな活動としていた。その後、開発途上国への教育支援、職業訓練、雇用促進など広範囲な支援活動を始め、現在では七〇カ国でプロジェクトを展開し、予算規模は約七・一億ドル（約八五四億円、〇四年）にのぼる。米国のケアの収入構成を見ると、政府のODA資金が占める割合は五八％（〇四年）に達する。英国のケアの場合も、英国のODAが収入の四〇％（〇六年）を占めている。ODA資金との共存は、組織の財政基盤を安定させる反面、国益とつながりやすいODA政策に対して積極的に発言しにくくなる可能性がある。

第三は、ODA機関との連携、途上国での多様なプロジェクトの展開や管理方法の改良とはやや距離をおいて、スポンサーと開発途上国の子どもをつなぎ、比較的安定した資金基盤をもつNGOのグループである。市民が設定された額の寄付をすると、途上国の特定の子どもの写真や手紙、成長の記録などが送られるシステムで、各国に広がっている。代表的なのはプラン・インターナショナルだ。

プラン・インターナショナルはスペイン市民戦争の孤児を支援するため、英国のジャーナリストの呼びかけで一九三七年に設立された（当初の名称はFoster Parents Plan for Children in Spain）。その後、第二次世界大戦による孤児や開発途上国の子どもたちに支援活動を広げていく。活動の拡大にともない、「フォスター・ペアレント」、「プラン」と名前を変えてきた。現在は一六の先進諸国に事務所があり、四五の途上国で活動している。英国のプラン・インターナショナルの場合、約二七八四万ポンド（約七〇億円、〇四年）の収入のうち、自己資金比率は約九四％にものぼり、大半が個人からの寄付である。

3　北の開発ＮＧＯの五つのベクトル

北の開発ＮＧＯがこれから向かうシナリオを予測するのは、決して簡単ではない。ＢＲＡＣのアフガニスタンやスリランカでの活動を考えると、開発ＮＧＯを北と南に分ける発想自体が変更を迫られるかもしれない。

そうしたなかで日本のＮＧＯは、組織的にもプロジェクト管理の技術面でも欧米のレベルに届いていない。では、日本のＮＧＯには何ができるのだろうか。これまでのように、個性の乏しい小さなプロジェクトを現場でやるだけでよいのだろうか。南の開発ＮＧＯの成長や変化をふまえて、北の開発ＮＧＯの新しい役割を予測すると、五つのベクトルがあるだろう。

南の開発ＮＧＯが手をつけていないニッチな領域でのプロジェクト支援

刑務所の囚人の環境改善、警察官の人権教育、障害者の社会参加、老人問題、人身売買など、活動地の政府が先進国の批判を怖れて隠そうとしたり、弱い立場の人びとから搾取して利益を得ている組織の抵抗にあうなど多少のリスクや困難はあるが、ニーズの高い活動に光を当てる役割である。この領域で活躍が顕著なＮＧＯは前述のアクション・エイドだ。

たとえばバングラデシュ事務所では、災害被害者への緊急救援や農村開発の支援に加えて、ＨＩＶ感染者、障害者といった貧困層のなかでも差別されたり、開発の恩恵を受けにくい人びとの支援活動をいち早く始めたり、人身売買によって売春ビジネスに従事させられている女性の救援活動など、社会の隅に追いやられた弱者のなかの弱者への支援を行ってきた。インド事務所でも、先住民族への支援や人身売買の摘発のように、これまで十分ではなかった領域に先駆的に取り組んでいる。

南の開発ＮＧＯの多くは、農村やスラム地区の住民など貧困層への支援活動に力を入れてきた。一部では、マイクロ・クレジットのような事業収入につながる活動も盛んである。しかし、コミュニティからもはじかれる弱者への支援はあまり進んでいない。アクション・エイドの積極的な活動領域の掘り起こしと現地ＮＧＯとのパートナーシップによる展開は、周辺のＮＧＯにも刺激を与えている。最近は、人身売買に対する問題意識を多くのＮＧＯ関係者が口にするようになった。

このような新たなプロジェクトを行う際に、次の三点をよく検討しなければならないだろう。

第一に、活動資金をなるべく外部に依存しない組織づくり。それは、プロジェクトを始める時点で、「いつまでに外国の資金から自立するのか」を考えることであり、プロジェクトの本質にかかわる問題でもある。これまでは、資金源の多様化によって財政基盤を安定させるという対応が多かった。それに加えて、スヴァラジのように地元住民に資金提供を募る方法や、ＢＲＡＣのように事業収入から資金を生み出す方法もある。

第二に、南の開発ＮＧＯのアドボカシー活動をどのように支援するか。必要とされるニーズをうめていくだけでは、貧困層の周辺で発生する矛盾はなくならない。草の根から政策や社会制度を変えていくためのアドボカシー活動を活性化しなければならない。

第三に、ＮＧＯ同士の経験交流の促進。北の開発ＮＧＯの自己資金集めの技術、組織の透明性の向上、会員や寄付者の信頼を得るための工夫など、より市民社会を意識した組織運営も今後は交流の対象となる。アドボカシー活動の経験交流も重要だろう。

緊急救援活動の比重を高める

自然災害の被災者や難民の支援などの緊急救援活動は、大量の支援を短時間に投入しなければならない。南の開発ＮＧＯだけで十分でないときは、北の開発ＮＧＯが活躍する場が生まれる。また、社会的な注目が集まるため、ＮＧＯの存在意義が高まると同時に、通常の数倍の資金が瞬時に集まる。資金と社会評価を得るためには非常に効果的な場と言えるだろう。

たとえば、ジャパン・プラットフォームは経済界や外務省の後押しを受けて二〇〇〇年に誕生した。二四のNGOが名を連ね、約二億三〇〇〇万円（〇五年度）の資金を、外務省、民間企業、市民が提供している。また、九〇年代に急成長した日本のNGOには、緊急救援に特化して活動するアムダ[4]（AMDA）、ピース ウインズ・ジャパン[5]、国境なき医師団[6]（MSF）がある。教育事業を中心としていたシャンティ国際ボランティア会[7]も、緊急救援の比重が強まるにつれて、一時期、緊急救援室を設置した。

こうした動きは、資金獲得のためとだけ考えてはならない。自然災害や大量の難民が発生すると、多くの日本人は自分が支援しているNGOに活躍してほしいと願う。その声に押されて、多くの開発NGOは自らの活動地以外の緊急救援にも参加してきたからだ。

しかし、多くのNGOがひとつの活動地に集中するため、支援の混乱を生み出す場合も多くあった。また、緊急救援活動に集中するNGOは、ややもすると問題の根本原因に取り組むのではなく、事後処理を中心とした対処療法的な側面が強いため、政治的な姿勢が曖昧であるという批判を受けることもある。スタッフの安全管理や活動の評価方法の確立も、まだまだ不十分だ。

アドボカシー活動をとおした適正な世界秩序の提案

地雷禁止国際キャンペーン(8)やジュビリー2000(9)などのアドボカシー活動は一定の成果を見せており、この活動が重要であると強調する声もNGO関係者の間で多い。〇五年には「貧困を過去のものにしよう」と腕に白いバンドを巻いてアピールするホワイトバンドのキャンペーンが南北NGOの合同で行われ、G8サミットに参加した各国閣僚に援助の増額と質の向上、援助資金によって発生した債務の救済などを訴えた。それは、グローバル社会のルールづくりを国家機関や多国籍企業だけに任せず、市民の意思を反映させるための場づくりだったともいえる。

こうしたアドボカシー活動は年を経るごとに強くなってきた。ただし、北の開発NGOはアドボカシー活動を進めるうえで、いずれ次の二点で大きな変化を迫られるだろう。

ひとつは、支援プロジェクトや緊急救援活動などの資金を調達しやすい財政基盤を見直し、組織を小さく柔軟にする必要性である。アドボカシー活動は、少人数で知的集約度の高い活動として組み立てられる。当然、プロジェクト管理と比べれば、調整員、専門家、現地スタッフなどが減る。したがって、アドボカシー型の新たな組織運営を確立しなければならない。

もうひとつは、アドボカシー活動に南の開発NGOの声や価値をどう反映するかである。地雷禁止国際キャンペーンやジュビリー2000は、欧米先進国の白人が牽引力となっていた。

多様な利害関係を反映させたグローバルなアドボカシー活動を展開するためには、南の開発NGOや開発途上国の市民の声が反映されるシステムを強化する必要がある。

民族紛争の解決や先住民族問題に取り組む

民族紛争は、ひとつの国に存在する複数の民族がそれぞれの主権をかけて対立するのだから、双方の自主的な努力による解決は非常にむずかしい。通常、国家は問題解決能力をもちにくく、第三者による外部からの関与が効果をもつ。こうした問題の解決こそ、国家の影響を受けにくいNGOに向く役割ではないだろうか。民族対立による紛争にいち早く注目し、そこで起きている人権侵害や不正を世界に知らせる活動を進めているNGOは、いくつもある。

たとえば、米国のヒューマン・ライツ・ウォッチ(Human Rights Watch)は七八年に人権問題の改善を求めるヘルシンキ協定の遵守を監視するために設立された。その後、各国に専門家が配置され、七〇カ国の紛争や人権侵害を調査し、問題点を告発している。そのほか、一八歳未満の少年兵の戦闘参加を禁じる「児童の権利に関する条約の選択議定書」の批准と遵守の呼びかけや地雷廃絶運動への参加など、重要な役割を果たしつつある。また、イギリスのマイノリティ・ライツ・グループ(Minority Rights Group)やサバイバル・インターナショナルは先住民族問題に特化し、彼らの人権や文化を守るための活動を行っている。

こうした活動の場合、プロジェクトを実施する際のような依存関係は発生しにくい。しかし、どこまでかかわることが望ましいのかは、一概に言いにくい。過度に政治的な関与となって現地政府から誤解されたり、政治的混乱を生み出したりするときもある。そもそも、こうした活動の技術自体がまだ確立していない。スタッフの安全管理も重要である。

自国市民への開発教育を強化する

開発教育はもともと、開発ＮＧＯが自国の支援者を広げるために、開発途上国の貧困をはじめとする構造的な問題をバナナやエビなどのモノをとおしてわかりやすく伝えようとしたものである。先進国の生活と途上国の問題がどのような因果関係でつながっているのかを知る有力な手段として、欧米では六〇年代からしだいに学校や社会教育で取り組まれていった。だが、その後多くのＮＧＯは現地活動に集中するあまり、自国における開発教育的な領域に深くかかわれずにきたという印象がある。日本も同様だ。

ますます経済がグローバル化する現在、開発途上国で貧困緩和のプロジェクトを実施するだけでは、矛盾の解決はむずかしい。経済と貿易のシステム自体を見直していかなければならない。そのためにも、途上国がかかえる課題を学ぶのに加えて、それが生まれる原因を多角的に学び、解決するために一人ひとりが生活の場でできることを見つけ出すような働きかけが必要となるだろう。それは、考えて行動する市民と市民社会を生み出す土壌となる。

残念ながら、プロジェクト実施以外に日常の活動にそうした働きかけを取り込んでいるNGOの事例はまだ少ない。そのなかで、シャプラニールの作成したバングラデシュの村芝居やシャンティ国際ボランティア会の絵本を届ける運動は、開発教育の要素をもった事例である。

シャプラニールの村芝居は、バングラデシュの活動地の農村で農民が演じている芝居を日本語に訳し、関心のある日本人ボランティアが演じて、農村の生活を理解するものである。また、シャンティ国際ボランティア会の絵本を届ける運動は、日本の中古の絵本に、ボランティアがクメール語やラオス語に訳した台詞を貼り、現地に送り届けている。

今後、学校教育の現場にいる教師たちとNGOとの協働によって、教材や学習の場がつくられていくことに期待したい。

市民社会の存在としてのNGO

もちろん、選択肢は一つではない。ここで述べた五つのベクトルが複合的に関連しながら、北の開発NGOは新たな進化をとげていくだろう。

地球社会を公平で平和にする重要なアクターとして北の開発NGOを捉えると、国家はNGOの働きをあるときは警戒し、あるときは「パートナーシップ」という形で吸収・利用する。

そうした国家の政策から、NGOは常に自由でなくてはならない。

そして、北の開発NGOは狭い国益にこだわりがちな政府の一歩先を進み、国家と国家のはざまで活動し、民族対立の解決や平和の構築のように国家の機能を超える役割を果たしていかなければならない。北の開発NGOはそれを促進する役割をもっているのではないか。そのとき、常に弱い立場の人びとの近くで活動し、資金面においてはおもに寄付・会費というかたちで市民社会によって支えられるような組織づくりをしなくてはならない。

最近はNGOへのODA資金の流れが目立ち、NGOのODAへの依存が問題になっている[9]。実際、ODA機関や世界銀行のように国家に支えられた援助機関は、「パートナーシップ」という曖昧な対等性を標榜しながら、NGOとの密接な関係づくりを進めてきた。ODAへの依存は南の開発NGOにおいて、とりわけ顕著である。

ODA機関から大量の開発援助資金を受け取るNGOが増えていけば、国家を超えて存在し、国家とは異なる価値を問い続けるというNGO本来の役割が弱くなる。NGOは市民社会と一体となって発展していくべきなのだ。マイケル・エドワーズ[10]の指摘をNGOは再考しなければならない。

「NGOはもっと社会のなかに存在していなければならない。それは、単に仕事を請け負う立場ではなく、仲介者(世界の弱者を助ける行為と市民社会を仲介する者)となることを意味する。重要な点は、市民社会の『一部である(of)』ということではなく、市民社会の『なかにいる(in)』ということだ」

(1)インド＝アーリア系の人種で、インド＝アーリア語系のベンガル語を話す人びと。バングラデシュの九九・五％はベンガル人である。

(2)アマゾンの先住民族の虐殺をきっかけに、一九六九年に設立されたNGO。現在は六七カ国の支援者を通じて、先住民族の権利のために活動をしている。日本では、有志会員がサバイバル・インターナショナルの活動を伝えるネットワークであるサバイバル・インターナショナル・ジャパンを九二年につくり、情報提供に努めている。

(3)もともとベンガル平野に住んでいたと思われるインド＝アーリア系民族で、なんらかの理由でミャンマー側に移住したと言われている人びと。

(4)一九八四年に岡山県で設立されたNGO。アジア、アフリカ、中南米の一五カ国において、戦争・自然災害・貧困などによって社会的・経済的に恵まれず、社会から取り残されている人びとに対して、医療救援と生活状態を改善するための支援活動を実施している。

(5)一九九六年に設立されたNGO。紛争や貧困などの脅威にさらされる人びとに対して、緊急人道支援と復興・開発支援活動に取り組む。日本国内においては、支援の必要性、NGOの役割などに関してアドボカシー活動を行っている。

(6)一九七一年にフランスで設立された国際的な医療・人道援助団体。緊急医療援助をおもな目的とし、約七〇カ国に医師、看護師、助産師らを派遣している。一九カ国に支部があり、九九年にノーベル平和賞を受賞。

国境なき医師団日本は九二年に設立され、九七年に独立組織となった。

(7) インドシナ難民の支援活動をきっかけに一九八〇年に発足したＮＧＯ。シャンティとはサンスクリット語で平和を意味する。おもにタイ、ラオス、カンボジアで、教育や文化の分野で活動している。

(8) 対人地雷を全面的に廃絶するための数百にのぼるＮＧＯのネットワークによるキャンペーン。一九九六年に対人地雷禁止条約を成立させ、九七年にはノーベル平和賞を受賞した。

(9) 開発援助による借款が返済不可能になった重債務国の借金を帳消しする、ＮＧＯによるキャンペーン。一九九九年のケルンサミットで、先進諸国の合意を取り付けることに成功した。

(10) Fowler, Alan, "NGO future : beyond aid : NGDO values and the fourth position", *Third World Quarterly*, Vol.21, No.4, 2000, p.590.

(11) マイケル・エドワーズ「グローバル市民社会の新しいモデル」(第三回日米ＣＳＯフォーラム基調講演)、二〇〇二年。http : //www.csonj.org/forums/3 rd_report/j 02.html.

〈参考文献〉


アン・C・ハドック著、中村文隆・土屋光芳監訳『開発NGOと市民社会――代理人の民主政治か？』出版研、二〇〇二年。

岩崎育夫編『アジアと市民社会――国家と社会の政治力学』日本貿易振興会アジア経済研究所、一九九八年。

遠藤貢「「市民社会」論――グローバルな適用の可能性と問題」『国際問題』二〇〇〇年七月号。

大橋正明「プロジェクトの直接方式から現地パートナーへ――バングラデシュでの活動方式の転換を提案します」『南の風』一九九六年一一月号。

近藤正規「ガバナンスと開発経済学」『アジ研ワールドトレンド』二〇〇四年二月号。

斉藤千宏編著『NGO大国インド――悠久の国の市民ネットワーク事情』明石書店、一九九七年。

斉藤千宏「住民参加とNGOの役割――ムンバイ、スラム開発同盟を事例に」佐藤寛編著『参加型開発の再検討』日本貿易振興会アジア経済研究所、二〇〇三年。

佐藤寛『援助研究入門――援助現象への学際的アプローチ』日本貿易振興会アジア経済研究所、一九九六年。

重冨真一編著『国家とNGO――アジア一五カ国の比較資料』日本貿易振興会アジア経済研究所、二〇〇〇年。

下澤嶽「地球社会の課題にボランティアはどう参画するのか」『ボランティア白書二〇〇五――ボランティアのシチズンシップ再考』日本青年奉仕協会、二〇〇五年。

下澤嶽「資金集めに現れるNGOの発展途上国イメージ、課題理解」『日本ボランティア学習協会研究紀

要 ボランティア学習研究』第五号、二〇〇四年。

下澤嶽「バングラデシュのNGOの現状」佐藤寛編『開発援助とバングラデシュ』日本貿易振興会アジア経済研究所、一九九八年。

下澤嶽「バングラデシュ巨大NGO〝BRAC〟の歴史と役割」『国際教育研究紀要』第三巻、一九九七年。

シャプラニール活動記録編集部編『シャプラニールの熱い風』めこん、一九八九年。

シャプラニール活動記録編集部編『シャプラニールの熱い風 第2部』めこん、一九九三年。

世界銀行『一九八九年年次報告書――有効な援助』世界銀行、一九八九年。

高柳彰夫「地球市民社会とNGO――開発NGOを中心に」『国際問題』二〇〇〇年七月号。

デビッド・コーテン著、渡辺龍也訳『NGOとボランティアの21世紀』学陽書房、一九九五年。

日本国際交流センター監修『アジア太平洋のNGO』アルク、一九九八年。

マイケル・エドワーズ「グローバル市民社会の新しいモデル」(第三回日米CSOフォーラム基調講演)、二〇〇二年。http://www.csonj.org/forums/3 rd_report/j 02.html
松下啓一『新しい公共と自治体――自治体はなぜNPOとパートナーシップを組まなければいけないのか』信山社、二〇〇三年。

山口定『市民社会論――歴史的遺産と新展開』有斐閣、二〇〇四年。

UNDP『人間開発報告書二〇〇二――ガバナンスと人間開発』国際協力出版会、二〇〇二年。

Bennett, Jon & Gibbs, Sara, *NGO Funding Strategies: An Introduction for Southern and Eastern NGOs*, INTRAC, 1996.

Bhattachan, Krishna, B., et al., eds., *NGO, Civil Society and Government in Nepal,* Central Depertment of Sociology and Anthropology, Tribhuvan University, 2001.

Boli, John & Thomas, George M., "NGOs and the Organization of World Culture", Boli, John & Thomas, George, M., eds., *Constructing World Culture,* Stanford University Press, 1999.

Brehm, Vicky M., *Promoting Effective North–South NGO Partnerships,* INTRAC, 2001.

Chabbott, Colette, "Development INGOs", Boli, John & Thomas, George M., eds., op. cit, 1999.

Clarke, Gerald, *The Politics of NGOs in South–East Asia : Participation and Protest in the Philippines,* London and New York : Routledge, 1998.

Ebrahim, Alnoor, *NGOs and Organizational Change,* Cambridge University Press, 2003.

Edwards, Michael & Sen, Gita, "NGOs, social change and the transformation of human relationships : a 21st –century civic agenda", *Third World Quarterly,* Vol.21, No.4, 2000.

Fowler, Alan, *Striking a Balance : A Guide to Making Non–Governmental Organizations Effective,* Earthcan, 1997.

Fowler, Alan, *The Vituous Spiral,* Earthscan, 2000.

Fowler, Alan, "NGO future : beyond aid : NGDO values and the fourth position", *Third World Quarterly,* Vol.21 No.4, 2000.

Haq, Mahbub, ul, *Human Development in South Asia Karachi,* Oxford University Press, 2001.

Hulme, David & Edwards, Michael, *NGOs, Satates and Donors : Too Close for Comfort?,* Save the Children, 1997.

INTRAC, *Direct Funding from a Southern Perspective : Strengthening Civil Society?,* INTRAC, 1998.

James, Rick, *Power and Partnership? : Experiences of NGO Capacity–Building,* INTRAC, 2001.

Keengwe, Maina, et al., *NGO Roles and Relationships : Partnership Dilemmas for International and Local NGOs* (*In Kenya*), International Institute for Environment and Development, 1998.

Lister, Sarah, "Power in partnership? An analysis of an NGO's relationships with its partners", *Journal of International Development,* 2000, pp.227-239.

Lister, Sarah, *"The Future on International NGOs : New Challenges in a Changing World order",* Paper for BOND's NGO Futures programme, 2004.

Maskay, Keshar, Bishwa, *Non–Gevernmental Organizations in Development,* Modern Printing Press, 1998.

Mitlin, Diana, "The NGO sector and its role in strengthening civil society and securing good governance" (Workshop Report), International Institute for Environment and Development, London, 1996.

OECD, *Development Assistance Committee Annual Report,* 1994.

OECD, *Civil Society and the OECD,* 2002.

Osodo, Patrick & Matsvai, Simon, Partners or Contractors? : The Relationship between Official Agency and NGOs Kenya and Zimbabwe, INTRAC, 1998.

UNDP, *Human Development Report 2002,* UNDP, 2002.

World Bank, *Sri Lanka Poverty Assesment,* Washington, 1995.

World Bank, *Working Together : World Bank Civil Society Relations,* World Bank, 2003.

あとがき

北と南の開発ＮＧＯの間におけるパートナーシップという言葉の曖昧な使われ方に疑問をもった私は、どのような力関係が両者にあるのかを考え続けていた。ＮＧＯの現場体験から、いびつな力関係があることはわかっていたが、文章の形にすることで、私のなかに残っていた割り切れない感覚を整理しようとしたのかもしれない。

ＮＧＯであっても、一方が他方に無理を強いる関係は長く続かない。それを変えるための突破口がどこかにあるはずだ。自己資金の調達に努力する南の開発ＮＧＯにたびたび出会うなかで、私はそこに可能性を感じた。南のＮＧＯが南の市民社会から活動資金を集めることは、組織を市民に開くことでもある。

本書で紹介した南の開発ＮＧＯは、特殊なケースだと言われる可能性がまだ残っている。たしかに、北のドナーの資金に依存している南の開発ＮＧＯの数は膨大である。とくに中間層が多く存在しない開発途上国では、ＮＧＯの自己資金調達を単純に賛美したり絶対化はできない。外部からの活動資金や技術は必要だろうし、そうした資金を使った援助のシステムを改良することで効果があがる場合もあるだろう。

しかし、市民社会から資金を集めるという南の開発ＮＧＯの能力や意欲を、大半の北の開発

ＮＧＯは侮っていないだろうか。南北の開発ＮＧＯが協働して貧困問題の解決にあたるとき、南のＮＧＯのこうした能力を否定せず、さらにそれを開花させる北のＮＧＯのかかわり方があってよい。そして、スヴァラジ、ＢＲＡＣ、ＳＯＵＰのような事例がもっと紹介され、それらが当たり前のようにＮＧＯ関係者の間で語られる日が来ることを望みたい。

本書をまとめるにあたって、実に多くの人びとの力を借りた。まず、自己資金調達の情報提供とインタビューに応えてくれたスヴァラジ、ＢＲＡＣ、プラティープ財団、ＳＯＵＰの関係者にお礼を申し上げたい。とくに、インタビューに協力してくれたＳＯＵＰの会員や寄付者、彼らを紹介してくれたスタッフに厚く感謝したい。また、私の荒い原稿に根気よくアドバイスを続けてくださったコモンズの大江さん、ありがとうございました。こうした本を書く下地となる貴重な現場の体験をさせてくれた(特活)シャプラニール＝市民による海外協力の会の存在にも、あらためて感謝したい。

私が本書を執筆するにあたり、多くの方々にかけたご迷惑をお詫びしつつ、ＮＧＯ活動をこれからも地道に続けていくことでお許しいただけるよう、お願い申し上げます。

二〇〇七年七月

下　澤　嶽

【著者紹介】

下澤　嶽（しもさわ　たかし）

1958年　愛知県豊橋市生まれ。

1981年　愛知大学法経学部経済学科卒業。

2005年　一橋大学大学院社会学修士課程修了。

大学卒業後、1981年から英国のCSV（Community Service Volunteers）の長期ボランティアに1年間参加。帰国後は日本青年奉仕協会、世田谷ボランティア協会を経て、88年から93年まで（特活）シャプラニール＝市民による海外協力の会の駐在としてバングラデシュへ。98年に同会事務局長。2002年7月に退職。

現　在　（特活）国際協力NGOセンター事務局長。平和構築NGOジュマ・ネット代表。法政大学非常勤講師。一橋大学大学院社会学専攻博士後期課程在学中。

共　著　『開発援助とバングラデシュ』（日本貿易振興会アジア経済研究所、1998年）、『バングラデシュを知るための60章』（明石書店、2003年）、『国家・社会変革・NGO――政治への視線／NGO運動はどこへ向かうべきか』（新評論、2006年）。

開発NGOとパートナーシップ

二〇〇七年八月一日　初版発行

著　者　下澤　嶽

発行者　大江正章

発行所　コモンズ

東京都新宿区下落合一-五-一〇-一〇〇二

TEL〇三（五三八六）六九七二

FAX〇三（五三八六）六九四五

振替　〇〇一一〇-五-四〇〇一二〇

info@commonsonline.co.jp

http://www.commonsonline.co.jp/

印刷・東京創文社／製本・東京美術紙工

乱丁・落丁はお取り替えいたします。

ISBN 978-4-86187-037-8 C 1030

＊好評の既刊書